新时期家庭教育研究

蔡云鹏 著

中国市场出版社
China Market Press
·北京·

图书在版编目（CIP）数据

新时期家庭教育研究 / 蔡云鹏著. -- 北京：中国市场出版社有限公司, 2023.8
ISBN 978-7-5092-2321-5

Ⅰ.①新… Ⅱ.①蔡… Ⅲ.①家庭教育—研究 Ⅳ.①G78

中国版本图书馆CIP数据核字（2022）第228285号

新时期家庭教育研究
XINSHIQI JIATING JIAOYU YANJIU

著　　者：	蔡云鹏
责任编辑：	晋璧东
出版发行：	中国市场出版社
社　　址：	北京市西城区月坛北小街2号院3号楼（100837）
电　　话：	（010）68033539/68036672/68020336
经　　销：	新华书店
统　　筹：	东方巨名（北京）文化传播有限公司
印　　刷：	北京兴星伟业印刷有限公司
规　　格：	710mm×1000mm　　开　本：1/16
印　　张：	12.5　　字　数：240千字
版　　次：	2023年8月第1版　　印　次：2023年8月第1次印刷
书　　号：	ISBN 978-7-5092-2321-5
定　　价：	68.00元

版权所有　侵权必究　　印装差错　负责调换

前 言

说到家庭教育，你会想到什么？很多家长会说："我们也不懂教育，而且要上班挣钱，没办法管孩子。"笔者不敢苟同这种观点，如果说学校教育是以技能教授为主的话，那么家庭教育教授的就是一种作为优秀人的本源——思想行为习惯以及道德习惯。

很多人会问，思想行为和品德不是应该由学校教吗，为什么说是家庭教育的职责？根据皮亚杰的认知发展理论，我们不难看出，感知运动阶段（0～2岁）和前运算阶段（2～7岁）在整个人生认知发展过程中起到根基作用，而这种认知大部分是大脑发育导致的，受大脑发育的影响，大脑运算能力也有所不同。0～2岁的孩子是通过感官了解外面的世界，如果家长能够合理地引导孩子，就会发现这个时候的孩子对日常生活环境有了初步了解，但是没有判断能力，家长如何做，孩子就会在家长的示范下去如何理解世界，因此这是孩子养成潜意识习惯的关键期之一；按照皮亚杰的认知发展理论，2～7岁孩子最大的问题就是可以主观理解世界，但是没办法分辨是非曲直，自我中心化严重，如果家长无法合理引导，就会影响孩子的判断力、理解力，甚至使孩子在行为品质上变得自私自利。

在家庭教育中，儿童期、青春期的家庭教育更为关键，后面会专门和大家进行讨论。我们会发现家庭教育对一个孩子的行为、思想、品行有很大的影响。

本书共有六章。第一章家庭教育概述，介绍了家庭教育、家庭教育的发展、家庭教育的产生；第二章家庭教育的内容，介绍了生活习惯的养成、认知能力的发展、健全人格的培养、道德品质的培养、社会知识的教育；第三章家庭教育的理念及方法，介绍了家庭教育理念、环境熏陶法、评价法、实践锻炼法；第四章不同阶段的家庭教育，介绍了婴儿期、幼儿期、儿童期、少年期、青春期等时期的家庭教育；第五章各种家庭类型的教育模式，介绍了独生子女家庭教育、"二孩"家庭教育、隔代家庭教育、留守儿童家庭教育；第六章家庭、学校及社区的教育联动，介绍了家庭、学校及社区教育联动的必要性，家庭、学校及社区教育联动的误区，家庭、学校及社区教育联动的策略。

限于编者水平，书中难免存在纰漏及不妥之处，敬请读者批评指正。

著者

2022年8月

目录 CONTENTS

第一章　家庭教育概述　　1
第一节　家庭教育　　2
第二节　家庭教育的发展　　22
第三节　家庭教育的产生　　30

第二章　家庭教育的内容　　37
第一节　生活习惯的养成　　38
第二节　认知能力的发展　　49
第三节　健全人格的培养　　56
第四节　道德品质的培养　　71
第五节　社会认知的教育　　80

第三章　家庭教育的理念及方法　　85
第一节　家庭教育理念　　86

第二节　环境熏陶法　　　　　　　　　　103

第三节　评价法　　　　　　　　　　　　108

第四节　实践锻炼法　　　　　　　　　　109

第四章　不同阶段的家庭教育　　　　　111

第一节　婴儿期　　　　　　　　　　　　112

第二节　幼儿期　　　　　　　　　　　　118

第三节　儿童期　　　　　　　　　　　　124

第四节　少年期　　　　　　　　　　　　127

第五节　青春期　　　　　　　　　　　　130

第五章　各种家庭类型的教育模式　　　137

第一节　独生子女家庭教育　　　　　　　138

第二节　"二孩"家庭教育　　　　　　　147

第三节　隔代家庭教育　　　　　　　　　159

第四节　留守儿童家庭教育　　　　　　　166

第六章　家庭、学校及社区的教育联动　177

第一节　家庭、学校及社区教育联动的必要性　178

第二节　家庭、学校及社区教育联动的误区　181

第三节　家庭、学校及社区教育联动的策略　187

参考文献　　　　　　　　　　　　　　191

第一章

家庭教育概述

第一节 家庭教育

一、正确认识家庭教育

家庭教育是指父母或者其他监护人为促进未成年人全面健康成长，对其实施的道德品质、身体素质、生活技能、文化修养、行为习惯等方面的培育、引导和影响。家庭教育以立德树人为根本任务，培育和践行社会主义核心价值观，弘扬中华民族优秀传统文化、革命文化、社会主义先进文化，促进未成年人健康成长。

2021年10月23日，第十三届全国人民代表大会常务委员会第三十一次会议通过《中华人民共和国家庭教育促进法》，自2022年1月1日起施行。

家庭教育是大教育的组成部分之一，是学校教育与社会教育的基础。家庭教育是终身教育，它开始于孩子出生之日（甚至可上溯到胎儿期）。婴幼儿时期的家庭教育是"人之初"的教育，在人的一生中起着奠基的作用。孩子上了小学、中学后，家庭教育既是学校教育的基础，又是学校教育的补充和延伸。其教育目标应是：在孩子进入社会接受集体教育之前，保证孩子身心健康发展，为接受幼儿园、学校的教育打好基础。心理专家郝滨曾说过："家庭教育是人生整个教育的基础和起点。"确实，家庭教育是对人一生影响最深的一种教育，直接或间接地影响着一个人人生目标的实现。

《辞海》对家庭教育的定义是：父母或其他年长者在家里对儿童和青少年进行的教育。不同社会有不同性质的家庭教育。中国古代有关家庭教育的文献有司马光的《家范》、颜之推的《颜氏家训》、班昭的《女诫》等。在资本主义国家的资本主义发展初期，一些思想家、教育家，如夸美纽斯、洛克、裴斯泰洛齐等阐述了资产阶级家庭教育的理论。社会主义国家的教育任务虽然主要由学校承担，但也确认家庭是教育后一代的重要阵地。家庭与学校密切配合，统一教育影响，使儿童青少年在德育、智育、体育等方面都获得发展。

综观各国家庭教育概念的演变过程，参考名家大师对家庭教育概念的描述，结合家庭教育工作的实践经验，我们将家庭教育定义为：家庭教育就是家长有意在日常生活中，通过言传身教、情感交流等方式，对子女施以一定的教育影响，继而家庭成员彼此相互影响终身的一种社会活动。

二、家庭教育的重要性

家庭教育对一个人的发展有着开篇之功效。有老话说道："父母是孩子的第一任教师。"在笔者看来，父母不光是孩子的第一任教师，也是重要的人生导师。很多家长常说的话就是"我不会，我不懂，我没时间"，如此等等，然后把孩子的教育全权托付给学校。在笔者看来，这与孩子考试成绩差时找的借口一样。"不会，不懂，没时间"这都不是拒绝给予孩子家庭教育的理由。笔者经常对家长说一句话："孩子是你的，不是学校的。学校负责教给孩子技能，而不是照看孩子的。如果想让你的孩子成才，你就要做好家庭教育。没有人能够替代你在孩子人生中的地位，即使是教师也不行。"

家长应成为孩子的"导师"。所谓"导师"，更多的不是教给孩子做什么，而是要引导孩子做什么，有很多家长忽略了引导，而只关注教，这个就很有问题了，尤其是对处于2~5岁和青春期的孩子，如果过分强调教，就会引起他们的强烈抗拒甚至出现激烈的对抗。所以，你可以认为"导师"是一种家庭教育的方法。

家庭教育一般是指家庭中的父母及其成年人对未成年孩子进行教育的过程。其教育目标应是：在孩子进入社会接受集体教育（幼儿园、学校教育）之前，保证孩子身心健康地发展，为接受幼儿园、学校的教育打好基础。在孩子入园、入校后，配合幼儿园、学校，使其德、智、体、美、劳诸方面得到全面发展。教育的重点是以品德教育，培养孩子良好的道德品质和养成良好的行为习惯为主（行为习惯包括生活习惯、劳动习惯、学习习惯等），教会孩子如何学"做人"。家庭教育由于发生在家庭中，与学校教育和社会教育相比较，具有以下特点。

（一）家庭教育的早期性

家庭是儿童生命的摇篮，是人出生后接受教育的第一个场所，是人生的第一个课堂；家长是儿童的第一任教师，是启蒙之师。所以，家长对儿童施加的教育具有早期性。

一般来说，孩子出生后经过三年的发育，进入幼儿时期，3~6岁是学龄前期，也就是人们常说的早期教育阶段，这是身心发展的重要时期。我国古谚有云："染于苍则苍，染于黄则黄。"幼儿期是人生熏陶渐染化的开始，人的许多基本能力是在这个年龄阶段形成的，如语言表达、基本动作以及某些生活习惯等，性格也在逐步形成。美国心理学家布鲁姆认为，如果把一个人的智力发展在17岁时达到的水平算作100%，那么在这个人4岁时就达到了50%，4~8岁又增加了30%，8~17岁又获得了20%。

5岁以前是幼儿智力发展最快的时期，也是进行早期智力开发的最佳时期，家长在这个时期实施的家庭教育是孩子早期智力发展的关键。古往今来，许多仁人志士在幼年时期受到的良好家庭教育是他们日后成才的一个重要原因。例如，古代以"父子书法家"著称的王羲之、王献之，有过1350多项发明的大发明家爱迪生，一代文学巨星郭沫若、茅盾等人的成长过程都说明了家庭教育对早期智力开发是十分重要的。反之，人在幼年时期得不到良好的家庭教育而影响智力正常发展的事例也为数不少。例如，印度"狼孩"卡玛拉，从小被狼叼去，8岁时被人发现，但其生活习惯几乎与狼一样，四肢爬行，吃生肉，昼伏夜行，后来经过人为的训练，两年后才能站立，6年后才可以像人一样行走，4年内学会了6个单词。在他17岁时，智力水平仅达到3岁孩子的水平。据《中国妇女报》披露，我国南京市一姓马的工人因患有精神性心理疾病，生怕孩子受人迫害，将自己的三个子女从小锁在家中，不让他们与外界接触，长达十几年，致使这些孩子智力低下、言语迟缓，与同龄人相比，智力及生活能力差异很大。所以，不可忽视早期家庭教育的作用。

（二）家庭教育的连续性

家庭教育具有连续性特点。孩子出生后，从小到大，几乎2/3的时间生活在家庭中，朝朝暮暮都在接受着家长的教育。这种教育是在有意和无意、计划和无计划、自觉和不自觉中进行的，不管是以什么方式、在什么时间进行教育，都是家长以其自身的言行随时随地地教育影响着子女。这种教育不停地对孩子的生活习惯、道德品行、谈吐举止等给予影响，起到示范作用，潜移默化地影响人的一生，可以说"活到老学到老"。所以，有些教育家又把家长称为"终身教师"。

一般来说，这种终身性的教育反映了一个家庭的家风。通常情况下，家风要延续几代人，而且这种家风往往与家庭成员从事的职业有关。如"杏林世家""梨园之家""教育世家"等。同时，家风又反映了一个家庭的学风，学风的好坏也往往延续几代人、十几代人甚至几十代人。如在中国近代，无锡人严功增补了清末的《国朝馆选录》，统计自清顺治三年丙戌科至光绪三十年甲辰科，状元共114人，其中父子兄弟叔侄累世科第不绝者，如苏州缪、吴、潘三姓，常熟翁、蒋两姓，浙江海宁陈、查两姓。由此可以看出，家庭教育的连续性对人才群体的崛起有着重要影响。这种情况，在古代、近代比较突出，当代随着科学的发展，人们择业面变宽，一个家庭中的所有成员不可能都从事同一种工作，但不乏见到这种情况：有些家庭的成员在工作中屡屡出成绩、受表彰，而有些家庭的成员接二连三地违法犯罪，这都与家庭教育连续性有着一定的关系。

（三）家庭教育的威吓性

家庭教育的威吓性是指父母长辈在孩子身上体现出的权力和威力。家庭的存在，确定了父母子女间的血缘关系、抚养关系、情感关系，子女在伦理道德和物质生活的需求方面对父母长辈有很大的依赖性，家庭成员根本利益的一致性，这些都决定了父母对子女有较大的制约作用。

(四)家庭教育的感染性

父母与孩子之间的血缘关系和亲缘关系的天然性及密切性,使父母的喜怒哀乐对孩子有着强烈的感染作用。孩子对父母的言行举止往往能心领神会,以情通情。在处理发生在周围的人与事的关系和问题时,孩子对家长所持的态度很容易引起共鸣。

在家长高兴时,孩子也会参与欢乐;在家长表现出烦躁不安和闷闷不乐时,孩子也容易受到影响,即使是幼儿也是如此。如果父母亲缺乏理智而感情用事,脾气暴躁,就会使孩子盲目地吸收其弱点。家长在处理一些突发事件时,若表现出惊恐不安、措手不及,就会对子女产生不好的影响;若家长处变不惊、沉稳坚定,就会使子女遇事沉着冷静,对孩子心理品质的培养起到积极的作用。

(五)家庭教育的及时性

家庭教育的过程是父母长辈在家庭中对孩子进行的个别教育行为,比幼儿园、学校教育要及时。常言道:"知子莫若父,知女莫若母。"家长与孩子朝夕相处,对他们的情况可以说是了如指掌,孩子身上稍有什么变化,即使是一个眼神、一个微笑都能使父母心领神会。父母通过孩子的一举一动、一言一行能及时掌握此时此刻他们的心理状态,发现孩子身上存在的问题,及时对孩子进行教育,及时纠偏,不让问题过夜,将不良行为习惯或思想意识消灭在萌芽状态。

人生开始的几年是大脑发育最快的时期,认知会飞速发展,这几年也是性格、行为习惯养成最关键的时期。然而,需要注意的是,这一时期孩子的学习基本靠模仿。也就是说,他会模仿外界的一切行为,不会辨别是非曲直。因此,父母的行为,甚至那些不经意间的一个动作都有被模仿的可能,这时候的孩子会把这种行为不加分辨地刻在自己的认知里,导致父母的不合理行为对孩子产生不良影响。

家庭教育和学校教育、社会教育并称为"教育的三大支柱"。家庭教育曾经是中华优秀传统文化的优势资源,孝文化、君子文化都是中国式家庭教育的正面结果。在转型期的当代中国,成年人的价值观发生巨变,家庭教育的支柱正在崩塌,过去以道德为核心的价值观遭到破坏,重智轻德成为家庭教育的普遍趋向,家庭教育缺失或者失位所造成的严重问题急需引起重视,因此,新的、恰合时宜的家庭教育应运而生。

　　自古以来,家庭教育问题一直受到人们的关注,但其被作为一种学科进行研究,在我国却是近年来的事情。这是时代的发展、人才的需求、国民的整体素质提高所必须涉及的问题。这里与家长探讨家庭教育的重要性,目的是要家庭与社会、教育部门共同担负起教育下一代的任务。人的教育是一项系统的工程,这里包含着家庭教育、社会教育、集体(幼儿园、学校)教育,三者相互关联且有机地结合在一起,相互影响、相互作用、相互制约。这项教育工程离开哪一项都不可能,但在这项系统工程中,家庭教育是一切教育的基础。苏联教育学家苏霍姆林斯基曾把儿童比作一块大理石,他说,"把这块大理石塑造成一座雕像需要6位雕塑家:家庭、学校、儿童所在的集体、儿童本人、书籍、偶然出现的因素"。从家庭被列在首位可以看出,在这位教育学家心中,家庭在塑造儿童的过程中起到很重要的作用,为此,让家长知晓家庭教育的重要性是十分必要的。

三、家庭教育的特点

(一)家庭教育是一种父母爱的哺育

　　"爱"是一种极为重要的教育因素,是事关整个教育成败的心理基础。心理学研究发现,人际之间存在着一种"皮革马利翁效应",即如何善意地知觉对方,有意或无意地寄以期望,对方就会产生相应的反应。教师对学生表示好感,学生就会在作业、品德方面表现出进步,反之则退步。家庭教育建立在父母的血缘关系基础上,这远远比师生之间的"爱"来得自然、彻底、持久。父母爱中饱含的血缘关系是社会中的其他关系所无法取代的。这就使得父母对子女进行的家庭教育成为最直接、最有力、最有权威感的教育力量,特别是家庭早期教育,比起学校教育、社会教育更有权威性。

（二）家庭教育是一种个别化教育

具有明确的目的性和方向性、高度系统性和全面性、严密计划性和组织性的学校教育，其是具有统一模式、严密组织，按照一定培养目标进行的群体教育。正因如此，在学校教育的全部活动中，无论是教育内容的确定、教育进度快慢的把握，还是教育手段和教育方法的选择，其立足点都是面向全体学生的。这种群体性的教育，虽然能保证大多数学生获得基本相同程度的知识和技能的机会，但不能保证大多数学生获得基本相同程度的知识和技能，不能很好地兼顾每一个学生身心发展上的差异和智力发展水平的不同。

家庭教育的个别化，具有一些得天独厚的有利条件。"知子莫若父"，父母对自己孩子了解最深，能洞悉其内心世界，这就为有针对性的教育提供了前提条件，使家长对子女的教育有的放矢、富有成效。另外，家庭教育没有统一的模式，可以根据孩子实际情况进行个别教育，"一把钥匙开一把锁"。

（三）家庭教育是一种真正的基础教育

在教育下一代健康成长的过程中，家庭教育是源头，是真正的基础教育。人的一生是一个长期持续演进的过程，是在家庭、学校、社会三方面教育力量合力作用下日益成熟完善起来的。家庭教育是学校教育的基础，又是学校教育的补充。良好的家庭教育不仅可以使儿童的智力得到尽可能早的开发，而且能使他们的思想品德从小受到好的熏陶。实践证明，没有良好的家庭教育，学校教育也不能达到预期的效果。

（四）家庭教育是一种终身教育

年轻一代在生活中需要父母的照料，在经济上依附于父母。由于父母与子女之间存在着血缘关系，感情上的联系和以这种联系为基础形成的亲密关系决定了家庭教育对儿童及青少年思想品德、行为习惯、性格意志形成的特殊作用。良好的家庭教育可使孩子受益终身。即使是子女长大成人、成家立业，甚至在事业上取得的成就远超父母，但由于父母与子女之间的血缘关系，父母仍是一种教育力量。而学校教育只是一种阶段性的教育，教师对学生的教育只是出于社会的要求和尽职于社会角色。学生在毕业离校后，学校就不再担任对学生的直接教育任务。而家庭教育则是终身性的教育，家长永远是子女的"教师"。

四、家庭教育的主要内容

家庭教育是一种以道德思想、纲常伦理为主的教育，并辅之以生活技能、对社会的初步认识，以及为人处世的方法，但是伦理道德是家庭教育的核心，家庭教育应以道德教育为根基。

关于道德教育，孟子主张"明人伦"。孟子说："仁之实，事亲是也；义之实，从兄是也；智之实，知斯二者弗去是也；礼之实，节文斯二者是也；乐之实，乐斯二者，乐则生矣。"

联合国教科文组织提出21世纪的青少年应该具备"四个学会"：学会学习，学会生存，学会发展，学会与人相处。

在我国，比较流行的家庭教育定义是"三道教育"，由学者赵雨林于2008年提出，即为生之道、为人之道、为学之道，简称"3M"：

"为生之道"以生命健康为核心，由生理保健（健）、心理健康（乐）、安全适应（安）等三大方面组成。

"为人之道"以生命价值为核心，由生命角色（本）、人格人生（志）、处世修养（交）等三大方面组成。

"为学之道"以生命智慧为核心，由学习品质（学）、综合素养（素）、自主专长（特）等三大方面组成。

家庭教育既然以道德教育为根基，那么家长便成了孩子道德的导师。也就是说，家长的品行会时时刻刻影响孩子。为了更好地说明家长的一些行为会对孩子的身心造成一定的影响，我们列举几个事例（注：所选事例是根据

一些实际情况改编的，不特指任何人或事）。

例一：张三的爸爸是一位商人。有一天，他带着张三出去应酬，在你来我往的客套话之后，一个服务员不小心打碎了一只盘子，张三的爸爸很生气地斥责服务员并找来餐厅经理，要求对服务员给予过分的惩罚。虽然服务员表示认错并承担相应的损失，但张三的爸爸依旧不依不饶。此时，张三就在旁边并看在了眼里，这件事对张三有着不小的影响。

首先，平日里对自己还不错的爸爸忽然变得这么咄咄逼人，着实让张三受到了惊吓，导致张三对爸爸的感情有了些许的变化（这里画个重点，咱们往后会说这种变化可以导致多么不可思议的结果）。其次，因为孩子辨别是非能力较弱，所以这个事件会给张三面对未来发生类似的事件提供了一个参考，很显然，我们知道这样的处理方式有些偏激，但孩子认为这是一个"不错的参考"。最后，也是最关键的，张三潜意识里会将这种处理问题的情感记录下来作为以后处理类似问题的情感参考，甚至演变成对处理任何让自己感觉不爽的事情的情感基础，这就很可怕了，因为我们能明显看出张三爸爸处理这件事时是存在过激行为的，会对张三未来处理事件的方式产生负面的影响。

例二：一天，上小学一年级的李四在学校违反了纪律被教师罚背课文。回到家后，李四背了很久也没有背会，哭着拒绝继续背诵下去。李四妈妈很心疼孩子就同意了。到了第二天上学时，教师问李四为什么没有完成背诵。李四一脸无辜地说是"妈妈说不用背了"。下午，教师跟李四妈妈进行了沟通，李四妈妈认为自己孩子才一年级，犯错误是难免的，教师应该耐心说服孩子，处罚孩子是教师不对，而且认为处罚孩子容易伤孩子的自尊心，指责教师不专业、不耐心。

这个例子其实很常见。李四妈妈的做法实际上已经在为李四后面的人

第一章
家庭教育概述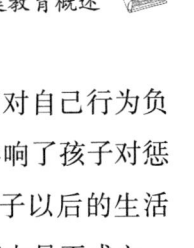

生"埋雷"了。首先，违反纪律应该受到惩罚，目的是让李四对自己行为负责，然而李四妈妈却以孩子小为由拒绝接受惩罚，这就直接影响了孩子对惩罚的理解，孩子潜意识里会认为惩罚本身就是错误的。在孩子以后的生活中，如果遇到自己做错事而被惩罚时，无论惩罚是否合理、理由是否成立，他都会以一种强烈的态度去抵制惩罚的实施，甚至为了逃避惩罚做出一些过激的事情。其次，在很多时候孩子会以"年龄还小可以被原谅""我是新人可以被原谅"等理由为自己的失败和错误找借口，这就严重影响了孩子的成长。众所周知，只有正视自己的失败和错误并加以总结与改正才能成长，如果连正视都没有勇气，那么谈何成长？最后，你会发现李四有很大概率变成传说中的"妈宝男/女"，认为有妈妈的庇护，所有错误都不用负责，"有事找妈妈"的思想认知根深蒂固。

例三：刘二是名初中生，学习成绩不是很好，于是刘二的妈妈给刘二找了个合法辅导班学习，跟刘二一起的还有跟刘二成绩差不多的同学。经过一段时间的学习，刘二的同学学习成绩进步了，但刘二还是止步不前，于是刘二的妈妈找到辅导教师不问青红皂白就要求退费且赔礼道歉，并对辅导教师进行大声斥责，最后闹到教育局和公安局。

这是笔者一个朋友遇到的真事，而且据这位朋友说这样的家长不止一个。笔者记得当时他找到笔者诉苦，说他到底做错了什么？他是一位认真且负责的辅导教师，本应该有更好、更稳定的工作，但是他很热爱教育这个行业。他教过的学生很多，绝大部分学生成绩进步明显，在家长中的口碑也很好。笔者说："你有没有发现，这种情况多发生在学习成绩不好的孩子的家长身上？"他仔细想了想表示肯定。这个事例中，刘二的妈妈其实在无形中给了刘二一个错误的暗示：你不会有错误，错的是别人。按理说，跟刘二一起学习的同学跟刘二程度差不多，为什么人家就进步了呢？刘二的妈妈可能不太明白这是为什么，但正确的解决问题方法应该是和教师沟通，一起去寻找问题出在了哪里，既然刘二的同学可以进步，就说明教师的能力是值得肯定的，这个时候我们是不是可以去沟通到底是教师教育方式不适合刘二，还是刘二在课下出了问题？刘二妈妈的行为会给刘二在以后解决问题时留下一个错误的参考——先把问题抛给别人，而不是理智地进行分析。这种一上来就"甩锅"的行为本身也体现了一种"懦弱"，这大大增加了未来刘二责任感缺失、养成懦弱性格的风险。

当然，还有很多各式各样的问题，这里不再详细列举分析。

总结来说，想要做孩子的好榜样、好的人生导师——家长就必须以身作则。你要知道，家族的传承不光是基因的传承，更多的是思想的传承。因此，说句有点"大"的话，为了自己子孙后代，不论学历高低、工作性质、贫富程度，都要从自身教育开始，不论何时何地何事都要时时刻刻为自己的孩子做一个好的榜样，至少是不坏的榜样。

关于孩子道德教育的原则和方法，早在春秋战国时期，我国思想家、教育家孟子就给出了答案。

《孟子·告子上》有云：羿之教人射，必志于彀，学者亦必志于彀。大匠诲人必以规矩，学者亦必以规矩。

《孟子·离娄上》亦云：离娄之明，公输子之巧，不以规矩，不能成方圆；师旷之聪，不以六律，不能正五音。

家庭教育以道德教育为根，而教育的原则就好比规矩，就像上述孟子所说的那样，家长在引导孩子的时候必须有明确的目标和恰当的原则。

孟子在道德教育方面提出了以下原则。

第一，持志养气。道德修养首先要注意培养高尚的志向，士的最高志向应该是"居仁由义"，一个人能以"仁义"为志，就能分辨善恶，区分当为与不当为。与"持志"相关联的是"养气"，我们常说"要有志气"就是由此而来的。一般来说，"气"多指人的意念或情绪，是不同于理智的心理因素。立志多属理智活动，养气主要是培养意念和情感。理智清醒可以控制不健康的情绪和情感，健康的情绪情感可以帮助保持清醒的理智。

第二，反求诸己。孟子特别提出自我反省、自我监督、自我评价的重要性。这不仅是一种重要的修身养性方法，而且是道德修养的最高境界。

第三，改过迁善。面对错误和失败，一方面要求人们改过自新，另一方面积极学习别人的善行。

第四，刻苦锻炼。道德和才智都是要经过刻苦磨炼才能进步与提高的。因为只有经过刻苦磨炼的人，心智才会更加坚定，毅力才会过于常人。孟子在《孟子·告子下》中说过："天将降大任于是人也，必先苦其心志，劳其筋骨，饿其体肤，空乏其身，行拂乱其所为，所以动心忍性，曾益其所不能。"

在家庭中，作为孩子导师的家长应该首先以身作则，面对不尽如人意的事情，要尽量克制自己的情绪，冷静分析，为孩子做一个良好的示范；另外，减少家庭中因情绪带来的争执，家庭情绪的稳定是孩子保持理智的前提。在为人处世方面，对外界的信息要加以冷静分析，并能有效地引导孩子对待外来的诱惑、糟粕，持冷静态度进行分析。遇到事情善于从自身出发，找到自身的问题，这也是能理智面对问题的前提之一。

这里给大家讲一个笔者的亲身经历。

之前有一位8岁孩子的妈妈跟笔者聊天时问笔者："我们家孩子总是一出问题就说是谁谁的错，是谁谁没做好，我也经常教育他要从自身找问题，为此他爸爸还揍过他，但就是改不了怎么办？这样下去肯定不行，有没有什么好办法？"

笔者记得当时回答她的大概意思是这样的："这个不难，就是不知道您和孩子父亲有没有这个耐心？"

她犹豫了一下，肯定地点了点头。

笔者接着说："首先我猜你和孩子父亲在家有过相互指责埋怨的时候吧？"

"是的，他爸经常做不好家里的活，都是我一个人在干，他还帮倒忙。"

"您看，这问题不就来了吗？您刚才还在为孩子总是看不到自己的问题而烦恼，这才过了不到两分钟您就抱怨孩子父亲家务做不好。这事您怎么看？"

"那是他爸真的没做好，我还不能说他了？"

"那孩子在甩锅给其他人的时候不也是这么想的吗？"笔者笑了笑说道，"在不涉及自己的问题时，人们才可以保持清醒的判断，所以作为父母、孩子的榜样，我们就应该尝试遇到问题自我反省，找到合理、和平的解决方式，并反省自己的不是。当然，有的人会说'我的都是小问题，相比较别人，我的问题可以忽略不计'，要是这么想就错了，再小的问题也是问题，那句话怎么说来着？'勿以恶小而为之'，不是吗？"

她看了看我，若有所思地点点头，说道："确实有道理，我回去跟孩子他爸也好好反省一下，那对于孩子，您的建议是？"

"每天晚上睡觉前，你们一家三口可以坐在一起聊聊今天各自遇见的事，不论是遇到有趣的事，还是遇到问题，都互相给出建议，哪怕我们明知道对方的建议没有什么意义。最后每个人都对今天做的事自我评价一下，说说自己哪里做得好、哪里做得不对、怎么改进、明天的计划是什么。这里的关键是，咱们大人先进行自我批评，深刻一点儿，别糊弄，虽然孩子可能还不太懂，但糊弄的微妙情绪他是可以感受到的。"

"好的，我回去就跟孩子爸爸说说，今天就试试。"

前面咱们说过，一些父母总是以各种理由将家庭教育甩给家庭以外的地方，比如说学校。在这里，笔者特别说一下对于这个问题的看法。作为孩子最亲近的人，孩子对父母的归属感是与生俱来的，这是任何人和组织都不可能替代的，这种归属感是血缘引起的，永远不要忽视血缘亲情的力量。家庭教育之所以是家庭教育，是因为这种教育建立在孩子的心灵深处，是两代人甚或几代人的传承，不是教师或者其他什么人可以替代的，还是那句话，"孩子是自己的，不是别人的"。

另外，家庭以外的教育更多的是技能方面的，这里包括了生存技能、研究技能等，学校教育还可以提供一定的精神文明层次的教育，比如，诗歌、音乐、美术等。但是，对于一些人本质上的教育，譬如道德教育、价值观的形成应该是以家庭为核心的，外界主要是辅助教育。就好比价值观的形成，如果孩子从小耳濡目染的价值观是正确的，那么他的价值观在后期就算有所改变，也不会那么轻易堕落；相反，如果从小生活在错误的价值观环境里，那么后期想改变是很困难的。当然，也有特殊情况，大部分是因为严重的精神冲击或父母教育的强行改变。

总结一句话：家庭教育不可替代，父母应当以身作则、言传身教。

五、家庭教育常见问题

（一）过度保护

有时候，由于父母太注重孩子表面的需求，忽略了孩子看不见的心理需求，纵使孩子具有优秀的先天条件，也得不到应有的发展。当孩子想跑、想玩时，有的父母害怕孩子受伤而禁止。如此，孩子便会养成不好动的习惯，身体变得迟钝、孱弱多病，心智的发展也必然受到阻碍，性格也会变得退缩胆小、缺乏自信、无法面对困难。父母必须明白，关怀是心灵上的沟通，而不是行为上的干预。过分的干预会妨碍孩子潜能的发展。

（二）过分宠爱

过分宠爱是很多家庭的通病，孩子无论精神上的还是物质上的任何要求，都无条件满足。因为孩子的要求总能得到满足，他的抗挫折能力无法得到锻炼，就容易形成孤僻、自傲、任性、自私等性格缺点。心理专家郝滨教授分析认为，家长要对孩子的心理健康多关心，要依据孩子的性格特征寻求恰当的教育方式，既要防止"简单粗暴"，又要防止"过度溺爱"，应及早发现问题并寻求专业帮助，及时解决，不要让心理问题严重影响孩子的生活和学习，最终影响子女的终身幸福。

父母事事顺从孩子的要求，替他完成所有事情，孩子什么事情都不必动手，容易变得以自我为中心、任性、依赖、迟钝、不能忍让、不懂得自己照顾自己；即使表面看来柔顺温和，在长大后需要面对难题时，也会出现性格突变。

父母的包办代替是孩子软弱无能的重要原因之一。一些父母对孩子百依百顺，不让孩子做任何事情，这等于剥夺了孩子自我表现的机会，扼杀了孩子的能力发展。

（三）揠苗助长

有的父母不顾孩子的心智身体发育情况，强迫孩子提早学站、学走路、学写字……造成孩子身心严重失衡，出现脾气暴躁、焦虑、冷淡、退缩等问题，还可能出现拒绝学习的问题，也不懂与人和谐相处。

（四）过分专制

有的父母经常以高声来规范孩子的举动、限制他的自由、否定他的想法，这会使孩子长期处于恐慌中，无法表达自己，只懂唯唯诺诺，失去自信，失去尝试新事物的勇气。另外，为了发泄不满，孩子会欺负比自己小的孩子。当孩子长大后，他很可能对父母存有怀恨心理，把以往积压的不满发泄回父母身上。

（五）面孔严厉

"孩子无法在严肃中感受到父母的爱"，父母摆出严厉的面孔，只会令孩子对父母望而却步。父母应避免用苛刻的字眼责备孩子，即使孩子做得不够好，也应温和地给他提出意见，使他容易接受。

许多父母对孩子期望很高，却又吝啬赞美自己的孩子。他们常常摆出一副长者的面孔责备孩子，以为这样才是教育，其实是忽视了赞美的教育效果。

（六）忽略优点

有的父母觉得孩子没什么长处，即使有也视为理所当然。中国人比较谦逊，所以有些父母不习惯在人前称赞孩子，有时还会不经意地批评孩子。其实，父母对孩子的评价是孩子建立自我形象的依据，如果经常提及他的缺点，孩子就会怀疑自己的能力，不仅影响孩子的自信心，甚至会让孩子认为自己一无是处，导致孩子不思进取。

父母要及时表扬孩子的良好行为。否则，孩子会弄不清楚为什么受到了表扬，因而对这个表扬不会有什么印象，更起不到强化好的行为的目的。表扬要具体，表扬得越具体，孩子越容易明白哪些是好的行为，越容易找准努力的方向。

（七）限制说话或唠叨话多

孩子喜欢问问题，有的父母会觉得很烦，或打断孩子的话，或要孩子安静。当别人问孩子问题时，有的父母却经常替孩子说话。这样做，会剥夺孩子练习说话的机会，导致孩子自我表达能力差，并渐渐不再跟父母说话，严重影响孩子的表达能力，不利于孩子日后的社会交际。

有的父母误以为多对孩子说几次，孩子就会懂得如何做，即使在安慰孩子时，也是喋喋不休地指出孩子的过失，叮咛告诫他应该如何做，而忽略孩子的难处。父母这一做法会让孩子感到麻木，变得了无生气，没有自信。另外，唠叨会使子女的脾气变得暴躁，情绪变得无法控制。

假如你一定要重复地说话，就要改变说话的语气和方式，将唠叨的语气改为提醒。唠叨让人厌烦，易招致怒气，提醒的语气听起来则有帮助的意味，孩子会感到父母是和自己站在一起的。

（八）嘲笑挑剔

父母挑剔孩子的过失，经常把孩子的缺点挂在嘴边，说话刻薄，用骂人的字眼嘲笑孩子"笨手笨脚""没用"等，甚至在别人面前斥责数落孩子，这都会使孩子感到丢脸，严重损害其自尊，使孩子变得退缩、胆小、缺乏自信。须知道，孩子的自尊心一旦受到伤害，就需要很长一段时间来恢复，甚至永远无法重新建立起来。另一种可能是，孩子会对父母产生怨恨，不但不会尊重父母，长大后还会找机会报复父母。

（九）乱发脾气

父母情绪不稳定、乱发脾气，会令孩子的性格变得扭曲、行为变得极端反叛、是非不分、缺乏责任感；或是自闭、缺乏安全感；也可能同样爱乱发脾气。

（十）低估孩子

父母质疑孩子潜能，处处要求孩子跟随自己的意愿行事，使得孩子不能从失败中学习，变得习惯于依赖他人、习惯于被命令，变得缺乏独立思考力。

有的人智力过人，但意志薄弱、志趣低下；有的人智力平平，但意志顽强、目标远大、百折不挠。任何一个正常的孩子，总有这样或那样的明显优势或潜在优势，作为父母，应客观而清醒地分析孩子的特点，善于发现孩子的优点，让孩子感受到成功的喜悦。

（十一）以偏概全

父母用主观的情绪和期待去看待孩子，自以为是地认定孩子的发展路径和方向，并以孩子的某个特点来概括其全部性格，由此限制了孩子的发展方向。例如，有的父母经常指责孩子"你又给我惹麻烦""总是这样""没出息"等，会让孩子认定自己比别人差，从而放弃改正。慢慢地，孩子会向着被认定的不良方向发展，做个没出息的人。认定也容易变成偏见，导致父母经常误解孩子，使亲子关系变得紧张、疏离，甚至使孩子变得反叛。

（十二）漠不关心

当父母对孩子表现出漠不关心时，孩子会做出种种叛逆的行为，以引起父母的注意，而这些行为很有可能会让孩子误入歧途，甚至对生命感到失望，从而走上绝路。

六、解决家庭教育问题的途径

（一）提高家长自身的教育素养

在家庭中，家长是实施教育的主体。因此，家长要不断提高自身的教育素养，不断学习科学的教育方式，提高家庭教育质量。要想提高家长家庭教育素养，应发动多方面的力量。

学校可以定期召开家长会或者安排教师进行家访，向家长传授一些科学的教育方法。教师要将学生在学校的表现告诉学生的家长，家长也可以将孩子在家里的表现告诉教师，通过双方的共同努力解决孩子在成长过程中遇到的问题。这样可以帮助双方更好地了解孩子在不同环境中扮演的角色，既有利于家长在家庭环境中更加关爱孩子，对其进行家庭方面的良好教育，也有利于教师对学生在学校教育中因材施教。

社区要向家长宣传正确的教育方式。家长自身要有学习意识，通过与其他家长进行沟通，或者网络、书籍等途径了解家庭教育方面的知识，从而提高家庭教育的科学性，进而将科学的家庭教学方式应用到日常的家庭生活和对孩子的教育中来。

家长还要了解各个年龄段孩子的身心发展特点，关注孩子的身心发展阶段。如果孩子出现叛逆心理，家长就要与孩子谈心，引导孩子正视自己的叛逆心理，用科学的方式有效地教育孩子，促进孩子身心健康发展。比如，处于初中阶段的孩子，在心理上比较敏感，家长不要打击孩子，而是要做孩子的朋友，加强和孩子的沟通交流，让孩子愿意对家长敞开心扉。

（二）营造和谐愉快的家庭气氛

良好的家庭氛围对孩子的成长有很大影响。家长应努力为孩子营造一种和谐、民主的家庭气氛，创造整洁、有序的家庭环境。而营造良好的家庭气氛和生活环境，需要家长以身作则，为孩子在日常的家庭生活中树立一个良好的榜样。

首先，室内环境要整齐、干净。房间里的陈设要美观、大方，每天进行整理。这样不仅能陶冶孩子的情操,还能让孩子养成良好的行为习惯。

其次,创造良好的心理环境。家长要让孩子在温馨的氛围中成长,家长要相亲相爱,要关爱孩子的生活、学习等方面,让孩子随时能感受到家庭的温暖。家庭成员教育孩子的观念应该一致,用教育合力对孩子进行教育。当家庭成员的意见不统一时,家长要根据实际情况,尊重孩子的意见,与孩子进行沟通,从而进行正确的判断,为孩子提供更好的教育。

最后,形成良好的家风和正确的生活方式。父母应该在孩子面前表现出尊老爱幼、勤奋上进等品质,在潜移默化中影响孩子,使孩子养成这些中华传统美德以及良好品质。此外,家长要有良好的生活习惯,如早睡早起、热爱阅读、随手关灯、不乱扔垃圾、节约用水等,家长通过严格要求自己为孩子起到良好的示范作用。

(三)采用科学的方式教养孩子

为了促进孩子健康成长,家长应该采用科学的方式来教育孩子。

首先,家长要理解和尊重孩子。在日常生活中,家长要尽量抽出一定的时间来陪伴孩子,这样不仅能进一步地了解孩子近期思想、学习、生活等方面的变化,还有利于拉近与孩子之间的距离。家长要能够和孩子以平等的方式进行沟通交流,可以多和孩子聊一聊最近的学习情况、在学校遇到的一些有趣的事情等,家长要能认真倾听孩子的心声。当孩子遇到问题时,家长要和孩子一起寻找解决问题的方法。当孩子取得成功时,家长要鼓励孩子和自己分享这份喜悦。

其次,家长要把握好教育的度。在对孩子进行教育的过程中,家长要坚持适度原则。家长给予孩子关爱,为孩子提供物质、文化、智力方面的条件和支持是他们应尽的义务。但是,如果家长凡事都亲力亲为,对孩子过分溺爱,则不利于孩子的成长。因此,家长在教育孩子的过程中要找到关爱和严厉的平衡点,引导孩子认识家长工作的辛苦,让孩子体谅父母的辛苦,从而让孩子感恩父母,树立正确的世界观、人生观和价值观,学会换位思考,这样才能促进孩子健康成长。

最后，家长要用言传身教影响孩子。家长在教育孩子的时候采用灌输式的方式并不能取得理想的教育效果，应该用自己的行动指引孩子，让孩子的个性得到全面、自由的发展。

总而言之，家庭教育对孩子的成长起着至关重要的作用。针对目前家庭教育中存在的问题，家长应该不断学习先进的教育理念和教育方法，提高自身的教育素养，为孩子营造和谐、愉快的家庭氛围，创造整洁有序的家庭环境，改善对孩子的教育态度，用科学的方式教育孩子，从而促进孩子的健康成长。

第二节 家庭教育的发展

家庭教育源远流长,与人类社会共始终,随着社会的产生而产生,随着社会的发展而发展。由于社会生产力发展水平不同,生产关系和经济制度不同,因此在不同的社会发展阶段,家庭教育有着不同的特点。到了奴隶社会,学校教育产生,教育培养新生一代的工作开始转向学校,但家庭教育的作用并未因此被削弱。人类进入奴隶社会、封建社会之后,家庭有了贵庶之分,家庭教育和其他教育开始有鲜明的阶级性、等级性。教育权掌握在统治阶级手中,它们设学校、办教育主要是为本阶级子弟着想的,教育对象大多是贵族子弟,广大奴隶和平民以及手工业者的子弟只能在家庭中由家长传授一些必不可少的生产、生活知识。尤其是民间的生产技术教育主要通过父子相继、师徒相承、口传心授、边学边做的方法进行。

一、国际上家庭教育的发展

从17世纪欧洲资本主义上升时期开始,由于大机器生产带来教育方面的变化,使教学内容和教学方法产生了新的变革:重视自然学科,新的教学手段在学校中得到广泛应用,出现了班级授课制,普及义务教育开始实施。这些变革使学校教育得到了前所未有的大发展。

人类社会发展到现在,家庭教育、学校教育、社会教育是构成国家教育有机整体的三大支柱,其中家庭教育是国家教育整体的重要组成部分。随着科学技术的发展,信息社会的到来,家庭教育、社会教育、学校教育将在更高层次结合起来,家庭教育的地位、作用将越来越明显,越来越受到人们的关注。

社会教育是学校与家庭教育以外的社会文化机构以及有关社会团体对青

少年（全体国民）进行的教育。严格来说，20世纪以来才真正产生了有影响力的社会教育。英国的社会教育在1600—1779年处于酝酿阶段，法国的社会教育在1533年前后初见端倪。直到20世纪20年代前后，由于社会各方面发生了一系列重大变化，对人的发展提出许多新的要求，学校无法完全适应这一系列变化，人们才把目光转向社会教育，以求得到必要的补充。从此，社会教育开始蓬勃发展，其地位日益提高。目前，许多国家形成了相当完善的社会教育体系，一些国家还通过法律的形式确立了社会教育的地位。

二、国内家庭教育的发展

2022年，教育部等11个部门印发《关于指导推进家庭教育的五年规划（2021—2025年）》，把构建覆盖城乡的家庭教育指导服务体系、健全学校家庭社会协同育人机制、促进儿童健康成长确立为今后一个时期家庭教育的根本目标，推动"十四五"时期家庭教育高质量发展。该规划指出，完善家庭教育政策措施，推动将家庭教育指导服务纳入城乡社区公共服务、公共文化服务、健康教育服务、儿童友好城市（社区）建设等。探索设立家庭教育指导机构，推动县级以上人民政府因地制宜设立家庭教育指导机构，及时向有需求的家庭提供服务，形成有地方特色、有群体适应性的家庭教育指导服务模式。

我国的家庭教育政策历经40余年变革，经过了萌芽探索、奠基深化、规范立法三个阶段，呈现鲜明的时代特色。回顾我国40余年的家庭教育政策史，其演进特征从突出工具价值到重视本体价值，从"补缺"走向适度"普惠"，从家庭承担责任到政府主导，从重视局部内容到全面统筹发展。在社会转型、家庭教育公共性凸显的背景下，家庭教育政策应坚守促进儿童发展、培育民族复兴时代新人的核心价值取向；构建全面普惠的家庭教育政策，根据家庭类型精准施策；统筹资源，建立一站式家庭教育指导服务中心；有针对性地补充政策内容，完善家庭教育立法后的配套政策支持体系，以政策助推家庭教育事业发展。

（一）1978—1995年

1978—1995年为家庭教育政策的萌芽探索阶段。改革开放后，我国教育事业逐渐步入正轨，社会急需大量人才，专门化人才的培养主要依托于学校系统。

传统观念一直把家庭教育归为"家事"，相关政策虽然开始关注家庭教育并探索家庭教育的初步发展思路，但对家庭教育的直接干预比较少。因此，家庭教育政策的萌芽探索阶段没有以"家庭教育"直接命名的政策，规范家庭教育活动的内容多散见于其他相关政策条款中。

20世纪90年代前后，《儿童权利公约》《儿童生存、保护和发展世界宣言》等国际条约的签署，助推了我国一系列儿童、妇女发展纲要等政策法规的出台。此时，建立学校教育、社会教育、家庭教育相结合的育人机制等内容被纳入政策目标体系，主张"利用多种形式，向父母传播正确教育子女的知识与经验"。

为了保护未成年人身心健康并促进其全面发展，1991年颁布的《中华人民共和国未成年人保护法》提出，父母或监护人要正确履行监护职责，并提出通过"提供家庭教育指导"来支持家长学习家庭教育知识。

《中华人民共和国未成年人保护法》对于具体提供家庭教育指导的国家机关和社会组织规定得相对笼统。总体来看，这一阶段的家庭教育开始受到政策关注，相关政策强调父母进行家庭教育的义务和责任，但仍缺乏支持父母履行教育职责的相关内容。并且，家庭教育的内容主要是配合学校教育，作为学校系统的附属教育形式出现，独立性不强。

（二）1996—2009年

1996—2009年为家庭教育政策的奠基深化阶段。《全国家庭教育"九五"计划》于1996年发布，它是改革开放后第一个以"家庭教育"直接命名的政策，也是我国首个家庭教育五年计划，故以此为界限，作为家庭教育政策萌芽探索阶段、奠基深化阶段划分的依据和标志性政策。

20世纪末，应试教育被广为诟病，素质教育改革不断推进，德育建设逐渐受到家庭及学校的重视。21世纪初,《公民道德建设实施纲要》《中国儿童发展纲要(2001—2010年)》《中国妇女发展纲要(2001—2010年)》同年制定并公布,三项政策均对家庭教育中的德育开展作出了规定。

2004年,中共中央、国务院印发的《关于进一步加强和改进未成年人思想道德建设的若干意见》强调家庭教育在未成年人思想道德建设中的重要作用。

为了落实20世纪90年代提出的家庭教育相关政策目标,使多数家长掌握儿童保教知识,需要先确立家长行为规范的标准,再找准推动家庭教育工作的抓手。为此,全国妇联、教育部分别于1997年、1998年发布《家长教育行为规范》和《全国家长学校工作指导意见(试行)》,意在通过家长学校提升家长素质,使其能正确履行教育子女的职责。因此,注重家长学校建设成为该阶段的主要特点。

(三)2010年至今

2010年至今为家庭教育的规范立法阶段。随着我国法治化进程的推进,未成年人的权利保护具备了一定的法律基础,但这些法律法规仅对未成年人发展作出原则性规定,对于如何促进儿童健康发展并未作具体要求。

鉴于此,为促进未成年人全面健康发展,提高全国家庭教育总体水平,《全国家庭教育指导大纲》于2010年颁布,该文件是我国家庭教育的重要指导性文件。以此为节点,我国家庭教育政策逐步呈现出规范化和法治化发展趋势,故以其作为阶段划分的依据和标志性政策。

这一时期的家庭教育政策渐成体系,家校合作、家庭建设、构建终身教育体系、女性就业扶持等政策内容相继出现,多方面助推家庭教育事业发展。

在家庭教育政策体系化发展的基础上,家庭教育立法趋向渐显。我国家庭教育立法采取的策略是:在地方独立探索、先行立法的基础上,从国家层面对家庭教育进行立法规范。自2016年开始,全国各地开始探索从法制层面规范家庭教育。以重庆市为首,开启了我国家庭教育地方性立法的先河。

改革开放初期，我国民众的受教育程度普遍较低，各行各业急需各种专业人才，教育的主要任务是在提高民众总体文化水平的基础上满足社会发展的人才需求。

因此，无论是家庭教育还是学校教育，都具有较明显的工具价值取向，培养社会主义建设者和接班人是其首要目标。随着改革开放的不断深入，道德领域的问题逐渐增多，教育应促进人全面发展的价值取向被广为接受，家庭教育在德育方面得天独厚的优势也得以体现，家庭教育政策的本体价值取向初现端倪。

进入21世纪，应试教育的弊端逐渐显现，素质教育成为教育改革新趋向。而学校在全面提升学生素质方面的作用捉襟见肘，仅靠学校教育不能培养完整意义上全面发展的人，教育需要家庭、学校、社会"三位一体"共同实施。

在此背景下，家庭教育的功能逐渐发挥。《中华人民共和国家庭教育促进法》在总则中明确提出：要在"尊重未成年人身心发展规律和个体差异"等基础上，促进未成年人"全面发展""健康成长"。这充分体现了家庭教育相关政策从突出工具价值转向重视本体价值。

我国的家庭教育政策，从初期重点关注特殊家庭和未成年人的特殊发展阶段，到当前针对所有未成年人家庭提供家庭教育指导服务，体现了从"补缺"走向适度"普惠"的发展历程。

改革开放初期，我国家庭教育政策专门化程度较低，其服务对象虽然指向所有未成年人，但其工作重心是配合学校教育，重点服务对象是"特殊家庭"。20世纪90年代后，家庭教育政策早期的服务对象是14周岁以下的未成年人家庭。

《全国家庭教育工作"九五"计划》的政策目标中提到：到2000年，使90%儿童（14周岁以下）的家长不同程度地掌握保育、教育儿童的知识。之后，家庭教育政策对象扩展至所有未成年人家庭，但重点关注对象是特殊家庭和处于早期教育阶段的家庭这两大群体。

进入21世纪，家庭教育政策从"补缺"向适度"普惠"方向转换，涵盖所有未成年人家庭，政策服务对象范围得到实质性扩展，旨在构建基本覆盖城乡、适应城乡发展、满足家长和儿童需求的家庭教育指导服务体系。

教育是立国之本，其价值取向不仅要体现教育内部发展规律，以促进人的全面发展为旨归，还要综合考量国家、民族和社会发展的宏图大略，体现教育的外部工具价值。家庭教育作为三大教育形态之一，要与学校教育、社会教育一起，坚守促进儿童发展、培育民族复兴时代新人的核心价值取向。

首先，以儿童为中心、促进未成年人的健康成长体现的是家庭教育的本体价值，也是政策的立足点。家庭教育政策要在符合儿童成长规律的前提下为家庭提供指导服务，在贯彻《中华人民共和国家庭教育促进法》的基础上完善系列配套政策。其次，相关政策要突出家庭在德育建设方面的优势，鼓励家长将传统文化、优良家风融于日常家庭教育中。最后，家庭教育政策要体现国家意志和时代精神，将社会主义核心价值观贯穿家庭教育全过程。教育未成年人以爱国、民族复兴为己任，这既是价值坚守，也是家庭教育政策应该坚持的核心价值取向。

未来的家庭教育政策，应形成价值取向一致的政策体系，即要始终坚持促进儿童发展、培育民族复兴时代新人的价值取向，体现家庭教育本体价值和工具价值的统一。

三、"互联网+"环境下的家庭教育的发展

"互联网+教育"是当前教育改革与实践中的热点和热词。在教育信息化领域，几乎所有的规划和讲话言必谈之，对其尤为重视。"互联网+教育"不是现有教育的网络化，而是教育信息化发展的新阶段，是技术推动教育产生革命性变革的基础。任何一个时代的变革都面临着阵痛，同时也会和传统的意识形态产生冲突，这种冲突也会引发人们关于"互联网+"对家庭教育的一些影响的思考。下面通过三个方面论述"互联网+"环境下的家庭教育面临的挑战，通过论述和思考，进而在这个大变革的时代中坚持自己的初心，为教育事业作出贡献。

（一）"互联网+"环境下家庭教育的新变化

"互联网+"环境下家庭教育的变化主要出现在孩子学习方式和生活方式的改变上。

首先，孩子在家庭教育中的学习方式由传统的自己或者父母指导完成作业，转变为既可以自己完成，也可以通过父母指导完成，还可以通过互联网查阅资料完成，这种通过互联网辅助完成作业的方式往往比父母指导和自己独立完成有更高的效率和准确性；另外，由于互联网的检索功能使得它对于答案的导向性也更强，更受孩子的欢迎。

其次，互联网在家庭生活中占据的比例越来越高，智能手机和计算机也越来越普及，在这种大环境下，孩子会把更多的课余时间花费在互联网上，这也是有别于传统家庭教育的一个方面。在这种情况下，父母往往不知道应不应当干涉孩子浏览互联网，以及应该以怎样的方式去干涉，这种无所适从往往会在很多沉迷于网络的孩子的家长身上得到反馈，家长经常说"我们也不知道他到底应不应该这样做"。其实，在这种情况下，父母往往需要介入，而且是必须介入，要保证孩子浏览健康内容。所以，"互联网+"环境下的教育需要的是父母和教师共同接受这种变化并适应这种变化，从而改变自己、改变孩子的未来。

（二）"互联网+"环境下的家庭教育需预防互联网带来的冲击

互联网的发展带来了便捷高效的通信、海量的碎片化知识，以及不同意识形态下的文化内容。在"互联网+"的环境下，这些新鲜事物给家庭教育中的孩子带来的冲击是前所未有的。

首先，在家庭教育中，互联网便捷的通信功能给孩子带来了社交上的便利，不像以前孩子联系同学或者某个人需要电话或者要花费很长的时间去找寻，使孩子联系的主体多样化，导致父母不能像过去一样知道孩子和谁在聊、在聊什么内容、对方来自哪里等。

其次，互联网会带来不同文化的意识形态，孩子在成长阶段非常容易受到非主流文化的影响，部分非主流代表着叛逆和个性的释放，再加上青春期孩子特有的逆反和追求自我，这种外力的催化会改变孩子的性格和行为处事的方式，甚至走极端。

最后，互联网的衍生产品——游戏对于家庭教育的冲击。游戏对孩子的吸引是致命的，没有一个孩子不喜欢游戏，没有一个家长喜欢孩子打游戏，这就是当下的一个现状，而这就意味着冲突和矛盾。但我们不得不承认，对于孩子在家庭教育中的休息放松来说，没有任何一件东西能替代游戏给孩子带来的愉悦感。

所有冲击都是对传统的挑战，当家长面临这种挑战时，需要去了解它带来冲击的根源，通过了解掌握窍门，"四两拨千斤，借力打力"，以提高家庭教育质量，利用好"互联网+"。

（三）"互联网+"环境下的家庭教育需利用现代信息技术来优化家庭教育

利用现代化信息技术优化家庭教育，需要积聚社会和政府的力量，系统全面地对当前面临的问题进行研究，并且对家长和教师进行系统化培训。可以通过广播、电视、网络，也可以通过社区或者学校举办一些课堂培训等方式，普及"互联网+"环境下家庭教育的一些知识；或者可以通过互联网远程学习，充分利用碎片时间，提高互联网环境下家庭教育的水平，从而为社会培养出更多、更好的人才；也可以通过图书普及这些知识。在一个时代的变革中，政府需要补齐一些短板，从资金、设备和公权力上去引导、影响社会的发展。教育作为科教兴国的起点，政府应该投入大量的时间和精力去弥补其在社会发展中先天不足的地方。

总之，社会的发展会给传统社会带来冲击，这种对社会的冲击中最敏感的就是孩子，我们如何迎接"互联网+"时代下的家庭教育是一个很大的问题。在摸索中减少不良文化的冲击，父母扮演适当的角色，在合适的时间监督和引导孩子在互联网上浏览信息，控制孩子的游戏时间，防止孩子沉迷游戏，使"互联网+"环境下的家庭教育更上一层楼。

第三节 家庭教育的产生

家庭教育的产生、发展是与一定历史阶段的社会物质生产方式相联系的。"家"字是象形兼会意字,"宀"象屋之形,许慎《说文解字》说:"交复深屋也。"屋下面还养"豕",是畜牧经济的象征。"庭"是院子、厅堂,是家庭成员聚集议事、庆祝节日的场所。所以,"家庭"联合成词,说明家庭是以婚姻和血缘关系为基础组织起来的社会单位,包括父母、子女和其他共同生活的亲属。它既是集体生产、生活的基本单位,也是教育子女的基本单位。原始人通过生产劳动学会了人工取火的方法,即人们常说的"燧人氏钻木取火"。到了农耕时代,就有了"神农氏教民稼穑"的传说,神农氏是农业种植劳动英雄的共鸣,并不是一个具体的人。在原始社会里的"教民取火""教民稼穑"乃至"有巢氏教民构木为巢""嫘祖教民纺织"等,其中的"教民"无一不是家庭教育的具体内容,无一不是家庭教育为生产斗争服务的明证。

刚刚降临人世的孩子,缺乏独立生活的能力,要使他们生存下去,健康成长,就必须给他们提供生存必需的物质生活条件;要使他们适应社会生活,就必须向他们传授社会道德规范;要使他们接替前辈的工作和事业,就必须传授给他们生活经验和生产知识、技能,使之掌握独立生活和进行劳动的本领。这一切,首先是通过父母对他们的抚养和教育实现的。这便是我们所说的人类教育现象的第一次出现。家庭教育是与家庭同时产生的,并作为一种独立的教育形式先于学校教育。家庭是人类社会的第一个教育机构,在以传授间接经验为主的专门教育机构出现以前,家庭教育成为教育新生一代的唯一场所。

第一章 家庭教育概述

一、家庭教育的渊源

商周时期,"学在官府",只有贵族子弟才能享受受教育的权利。战国以后,"学在民间",私学勃兴,家庭教育属于私学的范畴,但教育对象仅限于本家族或家庭内部,世间耳熟能详的"孟母三迁"的故事,历来被奉为中国古代家庭教育的成功典范。

两汉时期是家庭教育逐渐成形的历史阶段。从内容上来看,这一时期的家庭教育可以分为世代相传的家学和"诫子"一类的家训。如果以教育程度来划分,这一时期的家庭教育则包括童蒙教育和专门的知识、技能教育。前者主要是识字书写类的基本功,而经学、律学、史学、天文历算、医学和艺术则属于后者。

经学是儒学的核心内容,而儒学在两汉时期的社会思想中占据独尊的地位。因此,在政府"独尊儒术"的文教政策指引下,经学教育无疑构成了两汉官学和私学的主流。在当时的士人阶层私家教育中,莫不以儒家经典为主要教材,世家大族更是多以专于一经而闻名,经学的传承已然成为家族的标志。

汉代家庭教育在传授经学时极为重视家法,子弟不得违背。家法实际上是表明在学术授受过程中的因袭关系。久而久之,家法和家学就逐渐成为区别门户的标志。

家训又称"家法""家约""家规""家范"或"庭训"等,即指某一家族或家庭中的长者要求、训诫子弟立身处世的行为规则。

家训一般可以分为书面训诫和口头训诫两种形式。书面训诫就是从两汉开始出现并流行开来的;口头训诫往往是针对某一具体事件而发,内容长短不定,这一形式源于先秦时期,两汉常见。

除此之外,在东汉时期,以"三纲五常"为核心的儒家伦理纲常体系逐步贯彻于教育,为封建家长制的存在和维持提供了理论依据,于是专门性的女子家教著作应运而生,如班昭的《女诫》和长孙皇后的《女则》。

两汉时期,由于儒家思想独尊地位的确立,以经学为核心的儒学遂成为家庭教育的基本内容。这对推动文化走向普及以及促进学术繁荣，起到了积极的作用。由于学术在世家大族内部的传承性，家学的兴盛又推动了整个社会崇尚经学风气的形成，民俗云"遗子黄金满籯，不如一经"，正是这一现象的反映。

另外，儒家的伦理道德日渐成为家庭教育的必备素材，有助于家族内部形成良好的门风，也对社会风尚和价值取向具有积极的引导作用。东汉开始，政治陷入四分五裂的动乱局面，专制主义中央集权日渐衰落，而世家大族却势力膨胀。与时局相适应的，是官学的式微和私家教育的逐渐兴盛，学术和教育的中心开始由官学向私学转移，家庭教育在魏晋南北朝时期迎来了发展高峰。

二、家族文化价值观的变化

家族文化的标志，一在于家学，二在于门风。所谓传承家学，是子孙世代延续家族的学术文化传统，并且不断发扬光大。这一时期以家学著称者，多为一时之士族翘楚。家学的内容日趋多元化，不仅包括儒学，还包括玄学、文学等，有些家族传承律学、医学和数术。

虽然魏晋南北朝时期玄学对传统儒学构成了冲击，且士族阶层也多以讲玄学、尚清谈而成名，但实质上士族赖以立家的学术通常还是经学，特别是礼学。当然也应看到，家学发展的主要动力是维护本族门第和高门，又与显官和"占田""免役"等特权相联系，故而时人对此趋之若鹜。然而，尽管魏晋时期是一个流动相对受阻的社会，但高门也并不是绝对固定不变的，特别是在南朝门阀日益衰落的时候，如果不能维持官位与学术文化的世代相继，其家族便会不可避免地走向沉沦。

因此，世家大族往往把培养才艺出众的子弟，当作关乎家族未来命运的要务，对孩子寄予厚望。值得注意的是，家长教育训诫的言辞中，不时透出对家族文化高低的品评意见，堪称对时人家族文化价值观的绝好反映。

在魏晋南北朝时期，家族学术文化传承的持久度是衡量一个家族兴衰与否的重要标准，发扬光大家学传统也是士族追求的目标。

家族文化的另一面在于门风，门风的好坏往往影响家族的口碑甚至兴衰。

这一时期，世家大族的家庭教育中，特别注意强化对子弟进行儒家伦理道德的教育，涌现了一批重视儒家礼法的孝义世家，其门风就是在家庭德育中塑造的。比如，琅琊王氏之先祖王祥，是以孝道流芳千古的名士；清河崔氏是北方豪族，北魏时的崔浩不仅是一代名臣，更以孝义著称。

魏晋南北朝时期，儒家思想虽然受到各方面思潮的冲击，不尊礼法的事例也时常可见。但是在士族阶层内部的家庭教育中，出于对塑造良好门风的考虑，儒家伦理道德往往是被突出强调的。正是在这种儒家伦理文化的熏陶下，当时的世家大族在内部不断强化血缘纽带，相互支持，以维持其家族的整体和谐与团结。

三、家庭教育的兴盛

魏晋南北朝时期，家庭教育的兴盛主要表现在三个方面。

第一，家庭教育的参与者和受众面趋于广泛。除了世家大族的家庭教育以外，这一时期的帝王家教也颇为发达。由于政权更迭频繁、社会动荡，本时期涌现出一批有远见、善教育的帝王，高度重视对子弟的教育，出现了许多生动的教子事迹。

曹操出身乱世，饱经风雨，时刻不忘以礼法教育子辈。其子曹植有名士作风，常不循规蹈矩，甚至违反礼法，亦为曹操所批评。曹植曾"乘车行驰道中，开司马门出"，曹操因此责杀公车令，并加重诸侯科禁，对曹植的恃宠亦不如先前。

宋文帝刘义隆勤政节俭，关心民间疾苦，对皇家子弟的教育也多与此有关。

一些少数民族帝王也十分重视家庭教育，特别是汉化教育。在家教中，各民族文化得以融合，这就为统一创造了思想条件。

另一个值得关注的现象是，本时期的女性不仅有权利接受良好的家庭教育，而且在家庭教育中的地位开始凸显。比如，北齐士人皇甫和，少年时由其母夏侯氏"亲授以经书"，"及长，深沉有雅量，尤明礼仪，宗亲吉凶，多相洛访"。妇女广泛参与家庭教育，反映了妇女地位的提高，是这一时期思想解放的体现。

第二，家学教育内容的多元化。魏晋南北朝的动荡割据，打破了汉代"独尊儒术"的局面，各种思想开始活跃起来，特别是以好《老子》《庄子》、讲"清谈"、崇尚自然为标志的玄学兴起，更是成为魏晋的时代特征。这一时期的家庭教育虽然仍以儒学为主要内容，但玄学、佛学的盛行对儒学的正统地位形成了不小的冲击。

士族门阀一边继承经学之家学传统，一边浸染研习玄风、佛学，这一风尚或多或少地渗透家庭教育，教育内容多元化的格局逐渐出现。比如，西晋名士嵇康、阮籍等人的家教，在玄学家中有一定代表性。琅琊王氏、陈郡谢氏、颖川庾氏、吴郡顾氏等士族追尚玄风尤甚。

这一现象到南朝后期仍然持续，家传佛学的士族，如南朝吴兴沈氏之沈道虔，史载其"累世事佛，推父祖旧宅为寺"，其子慧锋亦"修父业，不就州辟"。南朝杜京产则自"高祖子恭以来及子栖，世传五斗米道"，反映了道教也开始成为家学和家庭教育的内容。

第三，"家训"的盛行和系统家庭教育思想的形成。据统计，这一时期的"家训"类文献现存者有80多篇，"家训"的流行，反映出当时家庭教育的盛况，也反映出士人对家学门风的高度重视。诸葛亮、王肃、陶渊明、王僧虔等知名人士，都力图以自己的人生观来教育子弟，留下了许多值得重视的家教思想。

西晋名士羊祜在《诫子书》中要求其子，"耻及祖考，思乃父言，纂乃父教，各讽诵之"。这是言简意赅类家训的类型。而有些"家训"动辄长篇累牍，甚至勒石为志，以期万代遵循不渝。比如，北魏张烈"为《家诫》千余言"。

而颜之推的《颜氏家训》更是深刻总结了当时的教子经验，第一次形成了系统的家庭教育思想，并创造了"家训体"这一家教文献形式，对所训诫的内容分门别类，以类相从，博赡而富有真情，在家庭教育史上具有划时代的意义。

总的来看，魏晋南北朝的"家训"以其思想的活跃、深刻，内容的丰富多样，以及里程碑式的《颜氏家训》的问世，在中国家教史上占有重要地位。

综上可知，魏晋南北朝时期的家庭教育是中国家教史上的一个高峰。这一时期，家庭教育的兴盛，有着深刻的时代背景。

首先，在政治动荡、社会剧烈变革的时代，社会各阶层都有一种不稳定感和危机感，家教的重要性在此刻得到了高度重视，士族阶层更是竭力教子立身处世的各种文化知识，以保有既得利益，使子弟避免灾祸，更好地立足于社会。

其次，世家大族在魏晋南北朝各级政权中占有垄断地位，在社会上具有很强的影响力。世家大族的家长多有一定的文化素质，其中不少是由汉代经学世家延续下来的，所以他们的家教多以家学为主要内容，在因战乱而文教断层之时，起到传承学术文化的重要作用。

最后，由于魏晋南北朝时期专制主义中央集权的衰落，官学也开始趋于式微，兴废不定。而门阀势力的复兴则为私家教育提供了必需的物质、文化土壤，学术和教育的中心开始不可避免地由官学向私学转移。

第二章

家庭教育的内容

第一节　生活习惯的养成

一、家庭教育的重要性

家庭教育应该干什么？养习惯。比如，规律作息便是孩子学习成长习惯基础中的基础。当然，家庭教育中引导孩子养成生活习惯需要连贯性、无歧义，如果父母双方为孩子的生活习惯起争执，那么最终的受害者一定是孩子。因为，孩子必定会选择更懒散、更自由的生活方式。

不少教育家都赞同一个观点："家庭是习惯的学校，父母是习惯的教师。"因为孩子从呱呱落地到蹒跚学步再到少年初长成，绝大部分时间都是在家里度过的，这是他们与父母亲密接触的最早时期，自然也是他们早期习惯养成的关键时期。所以，即便孩子上学读书了，父母对孩子的教育也不能有所放松，更不能把所有的教育都寄托在学校和教师身上。毋庸置疑，孩子在学校上课学习，学校通过制定和执行规章制度创造良好的学习环境，教师身正为范，尽其所能为孩子传授知识，教导孩子养成良好习惯责无旁贷。但是我们经常会发现这样的现象，同样的教育环境、同样的教育方式、同一个教师带的班级里面，有的孩子爱学习、爱劳动、讲卫生、懂礼貌，而有的孩子却与之相反。深究其原因，孩子习惯的养成主要在家里，家庭环境、父母言传身教是孩子成长过程中养成习惯的最重要影响因素，家庭教育起着举足轻重的作用。

由此可见，在孩子的成长过程中，家庭教育是所有教育的基础，更是所有教育的重中之重，而父母则是孩子的第一任且最重要的教师。家庭环境氛围和父母言行态度，对孩子习惯的养成甚至品性的塑造有着潜移默化的影响。尤其是在孩童时期，孩子有着强大的接受能力和模仿能力，他们在成长过程中会受到来自环境的各种影响，而直接模仿对象便是与他们关系最密切的父母。

在近19年的小学教育教学经历中，笔者见过许多教育孩子成功的例子，也见过一些教育孩子失败的例子。如果父母重视家庭教育，积极营造温馨的家庭氛围，自己在言行举止方面以身作则，给孩子树立良好的榜样，那么孩子在这样的家庭环境下成长自然能够养成良好的习惯，长大后有所成就。反之，如果父母对家庭教育一无所知或不屑一顾，家庭氛围差，自身没有良好的教养，没有给孩子做好表率，那么孩子在这样的原生家庭中长大，就容易养成各种坏习惯，滋生各种行为问题，从而影响孩子身心健康成长。

二、家庭教育中良好习惯养成的建议

既然家庭教育对孩子在成长过程中形成习惯的重要性不言而喻，那么父母该如何培养孩子形成好习惯呢？笔者作为教师，还扮演着父母亲的角色，从不同角度深深体会到习惯在孩子成长过程中的重要意义。跟大多数父母一样，笔者在教育孩子的路上不断摸索前进，遇到过各种问题和挑战。由于每个孩子都有自己独特的个性，每个家庭的情况也不尽相同，需要父母根据自身实际情况来寻找适合孩子的家庭教育模式。因此，我们无法证明哪种家庭教育模式是最好的，只能说适合孩子的才是好的。但可以肯定的是，孩子好习惯形成的关键在于拥有好的家庭教育。如果我们在家庭教育中做到以下三点，就能帮助孩子在成长关键期养成好习惯，距离成功教育更近一步。

（一）关爱与尊重孩子是前提

没有父母不希望看到孩子取得成就获得成功，常常有鲜花和掌声陪伴。但孩子在实际的成长过程中会遇到各种困难、困惑、挫折，会犯各种小错误。当他们沮丧、难过、无助时，父母应主动去理解他们、关爱他们，了解并尊重他们的内心想法，做到"不包办、不宠溺、不打骂"，通过鼓励、说理、引导，帮助他们克服困难、改正错误，培养他们勇于承认错误、承担责任和独立思考、解决问题的好习惯。

1. 遵循孩子成长发展的自然规律

人的成长是一个自然的进程，有其内在规律。然而，有些家长为了不让自己的孩子输在起跑线上，不顾孩子的承受能力，一口气给孩子报了很多个特长班，把孩子弄得整天忙碌不堪、精疲力竭。其实，过早地进入学习阶段，是违背孩子身心发展规律的，会使孩子遭遇种种困境与失败。教育家卢梭说过："大自然希望儿童在成人以前，就要像儿童的样子。如果我们打乱这个次序，就会造成一些果实早熟，它们长得既不丰满也不甜美，而且很快就会腐烂。"也就是说，我们将造就一些年纪轻轻的博士和老态龙钟的儿童。其实，孩子需要的是自然发展的时间表，作为父母，应帮助孩子循序渐进地度过每一个发展阶段。

2. 尊重孩子的独立人格和自我意识

孩子在两三岁时，其自我意识逐渐形成，他们会提出"我自己来""我自己做"的要求，并尝试做每一件事，这是孩子心理发展到一定阶段的正常现象。可是许多父母生怕孩子做不好，总是包办代替，从而剥夺了孩子学习与锻炼的机会。作为父母，应随着孩子年龄的增长和独立意识的增强，为其创造各种"独立"的机会，比如让孩子拥有独立的空间、给孩子支配时间的自主权、尊重孩子的选择、善待孩子的朋友等。

尊重孩子，还要注意保护孩子的自尊心。心理学家认为，自尊是一种精神需要，是人格的内核。维护自尊是人的本能与天性。孩子的自尊心是他们成长的动力。保护好孩子的自尊心，增强他们的自信心，是做父母的责任。父母应懂得，孩子的自尊心是他们一生做人的资本，不能随意伤害与践踏。

3. 尊重孩子的独立与自由

孩子除了吃好、穿好的需要外，还渴望得到尊重、渴望独立自主、渴望自由创造。尊重孩子，就要把自由和独立还给孩子，让孩子自主选择、自由探索，这样才能使孩子感受到真正的快乐和幸福。孩子在最初的几年是用身体、用活动、用游戏去感知世界和认识自己的，而不少家长总是以自己的愿望和感受来替代孩子的主观需求，各种各样的学习安排把孩子自由活动的时间和空间都占据了,这对孩子的发展十分不利。

在儿子6岁的那年暑假,笔者和儿子在择菜,与儿子谈起自己小时候生活的艰苦,不料儿子却说:"我现在也不觉得快乐!"笔者心里一震,问他为什么。他说:"我天天被您关在家里,不能出去玩,那有什么好?你们小时候生活不好,但你们可以和小伙伴一起玩,那多开心啊!"笔者想想也很有道理。从此,笔者改变了做法。为什么现在的孩子备受宠爱,却反而感受不到快乐?原因就在于现在的孩子受父母支配太多、指责太多,孩子的自由空间太少,自我激励能力很弱,创造能力和想象力的发展受到压制,这使他们很难发现自我价值。

4. 正视孩子间的差异,不要打击孩子

受遗传因素和不同环境的影响,孩子间存在着一定的发展差异并不奇怪。可有些父母总喜欢拿自己的孩子与别人家的孩子比。当自己的孩子比别人的孩子强时,就沾沾自喜,反之就不停地数落、讽刺、挖苦孩子,这样很容易使孩子消沉、迷茫。作为父母,应该认真研究孩子,把孩子身上的特质列出来,然后告诉孩子你是多么欣赏他,让他感到自己是与众不同的。

作为父母,要放下架子,把自己放在与孩子平等的位置上,爱孩子,尊重孩子,使他们感受到自身的价值,并由此学会尊重他人。这是特别有效的教子良方。

(二)父母言传身教最为关键

"言传身教"一词出自《庄子·天道》:"语之所贵者意也,意有所随。意之所随者,不可以言传也。"南北朝时期的历史学家范晔编撰的《后汉书·第五伦传》中云:"以身教者从,以言教者讼。"后世逐渐把言传身教或放置于学校教育中或放置于家庭教育中,尤其在家庭教育中,对于孩子而言,家庭是孩子生活时间最长、接受教育最早的场所,孩子接受教育的启蒙教师是父母,父母的言传身教对孩子的成长有着不可估量的影响。

1. 父母是孩子最重要的启蒙教师

孩子从呱呱坠地开始,首先看见的是父母,父母是孩子最重要的启蒙教师。父母在家庭中与孩子朝夕相处，接触的时间和机会很多，父母的言行举止无时无刻不在影响着孩子，于是家庭就成了孩子人生中的第一所学校。

　　家庭教育作为孩子通向社会的第一座桥梁，对孩子的个性、品质和健康成长起着极其重要的作用。现在的孩子经常出现这样或那样让家长、教师、社会头疼的问题，例如，厌学、沉迷网游、沉迷玩手机、刷抖音、唱反调等，诸如此类的问题，数不胜数。于是家长在心里责怪教师没教好，社会责怪学校没管好。然而，不管社会还是家长，都很少深刻反思孩子出现这些问题是家庭教育出了问题。家庭教育出了问题，就意味着孩子从一开始就接受了错误的观点和错误的言行，以及扭曲的是非观。试问，如果家庭教育出了问题，又怎么能管理和教育好孩子呢？例如，笔者曾经带的班上有个"麻将世家"的孩子，尚在娘胎里时就跟着妈妈打麻将，从出生到上小学，不管是跟着父母还是跟着爷爷奶奶，接触最多的就是麻将，父母给孩子的玩具或者说沟通的方式，十句有九句都离不开"七万""八条"这些专用术语。久而久之，这个孩子在班上除了跟同学聊麻将时表现出极大兴趣外，对于语文、数学、英语这些科目以及其他东西都提不起兴趣，家长也没意识到问题的根本原因，总是纠结孩子不自觉学习、埋怨自己不会管教孩子等。孩子生活在这样一个"麻将声声"的家庭里，又何来学习文化知识的兴趣呢？

　　家庭对于孩子而言，是生活居住的地方，是感受爱的地方，也是人生的第一课堂所在地，这个第一课堂的教师就是家长，家长灌输给孩子什么样的教育模式，孩子接受的就是什么样的教育。例如，笔者班上的一个孩子上课总不能专心听课，偶尔还出现打瞌睡等情况。后来笔者几次观察发现，这个孩子竟然把手机带进了教室，并且利用简短的下课时间在班里面玩起了手机游戏。笔者在教育这个孩子的同时，也对孩子的家庭情况做了详细了解。原来，这个孩子的家里，爸爸妈妈一下班，工作忙完以后，剩下的空余时间都是各自拿着手机，盘踞在家里舒适的位置各玩各的。于是每次孩子回到家看到的就是这样一个画面：爸爸玩得聚精会神，妈妈玩得精神奕奕。孩子自然也就加入了这样的模式中。这样一来，孩子上课出现打瞌睡也就不奇怪了。等到家长意识到问题，再对孩子进行管教时，已经十分困难了。这类例子不胜枚举。这些例子告诫我们：孩子出现这样或那样的情况，真的都是孩子的错吗？或者说真的是学校教育的错吗？笔者认为家长应该好好反省一下，是不是家庭教育出现了严重问题？如果是家庭教育出现了严重问题，再把责任推到孩子或者学校身上，难道是对孩子负责任的表现吗？

家庭是孩子的一面旗帜，父母是孩子的一面镜子。孩子是天生的模仿家，父母是孩子模仿最早、最多的对象，父母的一言一行都影响着孩子一生的发展。所以，父母要言行一致、以身作则，利用自己的言传身教，努力做好孩子的模范和榜样。

2. 言传，充分把握语言的教育意义

家庭教育是其他教育的基础，父母的言传身教对孩子的成长起着重要作用。所谓言传，是指利用语言进行表达或传授。在家庭教育中，言传就是指父母借助语言这一基本教育工具，为培养孩子良好品德而架起沟通的桥梁。现代社会中，随着电子产品的普及，越来越多的家庭最常见的画面是爸爸拿着手机在玩，妈妈拿着手机在看，孩子也拿着手机或者平板电脑在玩游戏，家庭生活中原来偶有的几句交谈都变成了微信上的沟通，孩子与父母的言语交流一天下来几近为零。家庭教育中的言传严重缺乏，本应属于父母和孩子沟通交流的时间，都转变到手机上、微信上的文字沟通。面对这样的窘况，家长有必要为孩子营造良好的家庭教育氛围，放下手机，多与孩子进行言语上的沟通，听听孩子在学校发生的事情，在生活上、学习上的趣事，耐心地给孩子适当的指导和正面的鼓励，不随意把自己的孩子与其他孩子做比较，多鼓励孩子，让孩子觉得自己是最棒的，帮助他们树立信心；同时多角度给孩子灌输正确的学习理念，尽可能脱离电子产品的影响，多陪孩子看看书，多玩一些益智游戏，寓教于乐，和孩子一起体验学习的乐趣，激发孩子对学习的欲望。

3. 身教，家长时时处处做好孩子生活上的表率

"身教"一词最早见于汉代刘向的《列女传·鲁之母师》："夫人诸姬皆师之，君子谓母师能以身教。"后来以"身教"意指用自身的行为去教育别人。父母应该注重身教的重要性。在日常生活中，父母只有做到言行一致、以身作则，才能做好孩子的模范和榜样。

父母在平常的生活中是一个热心、诚实、有爱心的人，那么孩子在父母长期潜移默化的影响下，热心、诚实、有爱心的品质必然会深埋孩子的脑海中。例如，笔者带的班上的一个孩子，长期以来成绩都很好，而且为人乐观、乐于助人。下课后，在完成了课堂上教师布置的学习任务后，她还主动地承担了班级卫生的检查和打扫工作，每天都是最后一个离开学校，是一个各方面都非常优秀的孩子。通过与她的交流以及和她父母的交谈，笔者得知这个孩子的父母平时也是乐于助人的人，而且非常乐意参加班级布置的家长志愿服务，平时有空还会带着孩子去爬山、旅游，是一个非常热爱生活的幸福家庭。

父母平时在孩子眼中是怎样的人，孩子自然能很好地模仿家长成为一样的人。所以，我们会发现随着年龄的增长，孩子越来越像自己的父母。而这种所谓的越来越像父母的孩子，其实是家长身教的最好见证。

由此可见，身教在孩子的成长中起着必不可少的作用。假如你希望孩子成为节俭的孩子，那你平时在家里的行为也必须时时处处保持节俭。不能自己平时都有不关水龙头的行为，却要求孩子必须每次都关好水龙头。如果你希望孩子是一个有爱心的人，那么在公共汽车上自己就要主动给有需要的人让座，孩子看到了，自然就懂得了。孩子是天生的模仿家，家长只有在平时的言行举止中注意做好孩子的表率，孩子看在眼里，就会理所当然地去模仿。长此以往，孩子会越来越好。

随着社会的发展和现代教育的普及，越来越多的家庭意识到家庭教育的重要性，但家长应转变固有的理念，用自己的言行、身教，对孩子进行潜移默化的影响和教育，并坚持与学校教育紧密结合，共同培养孩子良好的行为习惯和学习习惯，使孩子健康成长和发展。

在整个家庭教育中，父母扮演着比其他人都重要的角色。他们在日常生活中的言行举止无不被孩子看在眼里并直接影响孩子。试想，在一个读书学习氛围浓厚的家庭里，父母闲暇之余对书爱不释手，时不时与孩子讲述书中的内容、分享读书的快乐，孩子自幼受到书香的熏陶，自然会形成爱阅读的好习惯。而父母天天电视、网络、手机成瘾，在家没有营造读书的环境和氛围，却要求孩子认真读书的家庭，孩子必然不会听从，并且容易形成看电视没节制、爱上网、爱玩电子游戏等坏习惯。所以，如果父母希望孩子从小就养成良好的习惯，首先就得从自身做起，以便给孩子正确的引导。

（三）家庭教育一致性原则不可忽视

所谓家庭教育的一致性，指的是家庭中每个成员对孩子教育的一致性。也就是说，对于同一件事，家庭中的每个成员对孩子要有同样的要求，要有同样的标准，以期达到同一个目的和同一个效果。遗憾的是，很多家庭成员在教育孩子的原则上并不统一。

举个例子，有一个独生子，是爷爷奶奶的心头肉。小时候，由于不愿上幼儿园，他一直是爷爷奶奶带着，养成了称王称霸的坏习气，动辄打人。邻居找上门来，父母批评孩子，爷爷奶奶却护着，而且很生气："人大自然好，树大自然直，这孩子将来准有能耐！"就这样，孩子有了依靠，变得更加无法无天，父母也不敢多管，终于这个孩子因持刀伤人被送进工读学校。

这样的事例很常见，说明家庭教育中的一个原则：家庭教育必须坚持一致性。爷爷奶奶、爸爸妈妈在教育孩子时要观点一致，行动合拍，如果你弹你的琴，我唱我的调，不仅不能产生良好的教育效果，还可能造成不良的后果。

一致，主要是指"教育影响一致""教育要求一致"，具体的方式方法可以灵活运用，而不求千篇一律。比如，上面举例中的父母，有意对孩子无故打骂别人加以教育，这是正确的态度，可爷爷奶奶却放任甚至纵容孩子的行为，两种教育影响就是截然对立的。对于孩子的任性行为，爷爷奶奶在无意中起了坏的作用。

一致性还包括教育目标、教育的前后要求应一致。对于孩子的要求必须是一贯的，不能时紧时松，特别是在品德教育方面，在不同时间、不同环境下针对不同事件对孩子进行的教育应保持一致。如果今天对孩子的撒谎行为大发雷霆，明天又视而不见，就不能真正使孩子认识到说谎是一个不良习惯。

一致性的另一个重要含义是教育中的互补作用，包括教育方法中的刚柔相济，父母教育特点中的优势互补，以及各种教育策略的相得益彰等。

1. 家庭教育不一致的表现

家庭教育不一致的表现大致可分为以下三种情况。

（1）各自为政。很多家庭没意识到在教育孩子问题上统一教育理念、保持统一原则的重要性。每个人都觉得自己很在行，要么认为自己有经验，要么认为自己的方法科学，或者干脆凭自己的感觉和情绪行动，随意性很强，根本谈不上教育，也谈不上教育的一致性。

（2）外行干预。有的家庭中，妈妈读了很多家庭教育方面的图书，了解了很多科学的教育方法，在教育孩子上花费了很多精力，有自己的一套教育手段，可是爸爸或爷爷、奶奶等其他成员却自以为是，不但不学习还破坏妈妈的教育计划。

（3）逃避矛盾。有的家庭中，老人传统式的家长做派很足，摆出"我是你老子，老子说什么就是什么"的强势态度，子女明明知道他们的教育方法不好，但是拗不过老人，怕说出来了惹得老人不高兴，影响了家庭气氛，所以只好强忍着不说。孩子是年幼的，也是无知的，就像孩子父母和老人说的，"孩子什么也不懂"。但处于这一时期的孩子，就像是一张铺开的白纸，家长的言行、举止以及对孩子的教育要求都会写在上面。然而，家庭成员所持意见不统一，其教育效果可想而知，不但不能达到其目的，而且大大削弱了家长的威信，导致孩子人格的双面性，即谁最溺爱自己，就主动找谁，谁的话对自己有利就听谁的。教育的意见不统一，还会纵容孩子不合理的欲望、养成让人难以忍受的坏习惯，原本需要改正的缺点在这不统一阵地的教育下掩饰掉了。这样的教育对孩子的健康成长是非常不利的。因此，家长即使有矛盾、有冲突，也要避开孩子，共同商量，以求一致。

2. 保持家庭教育的一致性

（1）家庭成员之间态度的一致性。家庭成员在教育观、教育措施、教育步调上应一致，不能众说纷纭。家长只有对孩子保持一致的教育认识和要求，才能达到良好的教育效果。在日常生活中，很多家庭出现了"小公主""小皇帝"，家长整天都围着孩子转。当孩子出现了缺点、错误时，家长的行为就会出现不一致：不是"虎爸猫妈"就是"虎妈猫爸"，甚至"虎爸虎妈"遇到了娇惯孩子的爷爷奶奶。这些不协调的教育因素不仅影响了家庭和谐，而且不利于教育孩子，培养出了一个个任性的孩子，是非不辨，只听得进好话，容不得半点儿不顺耳的话。因此，当家长在教育孩子时，家庭成员应做到互相配合、步调一致。即使在教育孩子的过程中家长之间发生分歧，也不能当着孩子的面互相抱怨、互相指责，这种抱怨和指责解决不了问题，反而会降低家长在孩子心目中的威信，使孩子对家长产生失望情绪。家长应当在事后寻找合适的机会，彼此交流探讨，表达自己的建议和意见，寻找正确而又适合孩子的准则与规范。如果事后讨论的结果与先前告诉孩子的不同，家长应该及时向孩子道歉，并告诉孩子正确的准则，让孩子真正受到教育。综上所述，家庭成员只有采取一致态度，家庭教育才能取得成功。

（2）教育要求的前后一致性。在家庭中，对孩子的要求要坚持一贯，不能朝令夕改，更不能忽宽忽严，以自己的情绪为转移。有些家长在教育孩子的过程中没有一个统一的标准，而是视情况而定。今天向孩子提出要求——"要诚实"，但第二天又告诉孩子"老实人净吃亏，逢人但说三分话，不可全抛一片心"。也许家长并没有意识到这样做的后果。实际上，家长这种朝令夕改的做法，甚至比家庭成员之间意见不统一对孩子的影响还要大，它只会让孩子无所适从。因此，在家庭教育中，父母应该明确自己的信念，清楚自己希望孩子做出什么样的行为，发展什么样的个性，然后才有可能保证对孩子提出的要求前后一致。

3. 保持家庭教育一致性的建议

家庭教育只有保持一致，孩子才有力量坚持朝着一个方向前进，在将来成为一个有原则、有底线、外和内刚的人。家长想保持教育一致性可以试试以下方法。

（1）不同事情选择一名不同的总指挥。家庭成员在孩子出生后，就要商量好孩子的各种事情分别都是由谁定方针，问题可以大家讨论，但最终决定权必须交给那个负责这方面事务的总指挥，而后必须严格遵守，如有违反，必须由当事人跟孩子解释清楚，告诉孩子违反规矩是不对的。比如，妈妈管孩子学习，其他人就不要插手，如果老人因为爱孩子而纵容孩子不写作业，就要由老人跟孩子解释清楚不写作业为什么不对，有哪些坏处，并说明自己犯了溺爱的错误。

（2）共同学习育儿知识。知识储备不同是家庭成员教育观念不一致的重要因素。所以，家庭成员应该寻找一套相对科学和认可度高的育儿指南共同学习、共同讨论，尽量平衡教育观念和教育模式的差异。切记不要在孩子面前争论对他的教育。

只有家庭教育保持一致性，孩子才不会在多方指挥下迷失了方向，也只有教育一致，孩子才能成为一个有原则、明是非的人。

综上所述，培养孩子好习惯是一个宏大的系统工程，是家庭教育中最重要的事情，父母的言传身教是最好的教育。孩子的好习惯不是一朝一夕就能形成的，而是父母长年累月、持之以恒的努力引导和用心教育的成果。培养孩子的好习惯，父母任重道远，唯有不忘教育初心，才能在教育孩子成长的路上少走弯路，使孩子健康茁壮成长。

第二节　认知能力的发展

认知能力（cognitive ability），是指人脑加工、储存和提取信息的能力，即人们对事物的构成、性能与他物的关系、发展的动力、发展方向以及基本规律的把握能力。认知能力是人们成功完成活动所需要的最重要的心理条件。知觉、记忆、注意、思维和想象的能力都被认为是认知能力。

人们认识客观世界，获得各种各样的知识，主要依赖于认知能力。认知能力也称"认识能力"，指学习、研究、理解、概括、分析的能力。从信息加工观点来看，认知能力即接受、加工、贮存和应用信息的能力。美国心理学家加涅在其对学习结果的分析分类中提出三种认知能力：言语信息、智慧技能和认知策略。

一、认知能力的组成结构

人们的认知特点对社会的经济状况有显著影响。研究发现，提高认知能力与财富增长和预期寿命的增加有关。一直以来，人们普遍认为，像数学和阅读这样的能力，是具有家族性的，但影响这些性状基因的复杂系统在很大程度上不为人们所了解。

加涅提出5种认知能力：言语信息（回答世界是什么的问题的能力）；智慧技能（回答为什么和怎么办的问题的能力）；认知策略（有意识地调节与监控自己的认知加工过程的能力）；态度（情绪和情感的反应，形成学习者的态度，指使学习者形成影响行为选择的内部状态或倾向）；动作技能（有组织、协调统一的肌肉动作构成的活动）。

二、家庭教育与认知能力的关系

其一，经济水平比较低的家庭对家庭教育指导的认识水平也较弱。家庭教育指导的重要性，在信息传递过程中存在认知主体认知能力差距和认知过程中信息分化的"鸿沟"。低收入家庭的家庭教育指导信息获取能力较弱，但信息获取因素未对低收入家庭的家庭教育指导认知产生影响。文化程度变量通过显著性检验，表明中等收入家庭以媒介传播等途径获取家庭教育指导信息，以满足家庭教育指导需求的可能性较大。经济水平中等家庭的家长在家庭教育信息获取方面的能力相对较强。高收入家庭和中等收入家庭的家庭教育信息化能力强于低收入家庭。

其二，不同经济水平的家庭，家长存在对家庭教育指导的认知"鸿沟"，在一定程度折射出文化水平低的家庭对家庭教育指导了解的可能性较低。由此可见，收入水平、文化水平的差异影响了家长的家庭教育指导认知程度。

其三，家长对家庭教育指导认知程度不高是影响家长选择家庭教育指导的重要原因，对家庭教育指导认知程度越低，家长选择"不接受家庭教育指导"的可能性越低，认知程度较高的家长选择"寻求家庭教育指导"的意愿越强。可见，家长在家庭教育指导认知上的差异影响了家长"寻求家庭教育指导"的选择。

三、家庭教育中提高认知能力的策略与建议

（一）家庭教育指导工作应"因需而异"

近两年，家庭教育指导师作为新兴职业逐渐兴起，在儿童行为习惯、道德品质以及良好个性塑造等方面发挥着重要作用。其作为一种独立的教育形式，是学校教育和社会教育不可替代的，提高家庭教育指导水平是教育发展的大势所趋。

家长的家庭教育指导需求存在差异，每位家长的家庭教育认知不同，导

致其在具体的家庭教育过程中的教育观念、教育行为差异较大。在对家庭进行家庭教育指导前，应针对家长文化程度、家庭教育的认知能力水平进行评估，了解家长的家庭教育水平以及家庭教育指导需求。为了满足不同家庭的家庭教育指导需求，可以选择不同途径进行评估。

1. 中国家庭教育指导师极度匮乏

《中华人民共和国家庭教育促进法》等法律法规的颁布与实施，预示着家庭教育正式得到了官方的认可和推动。中国是一个拥有14亿多人口的大国，在庞大的人口基数中，家庭教育指导师却占比极低。随着社会经济和科技的快速发展，在"双减"的教育政策背景下，中国专业家庭教育指导的职业空间迅猛扩展。

美国家庭教育指导师兴起于20世纪80年代。经过30多年的发展，已由最初的边缘化、不合法、备受争议逐渐发展为政府承认、受到大众认可，为美国家庭和睦、教育发展和社会稳定作出突出贡献的社会群体。

2. 家庭教育的意义与科学施教的必要性

蔡元培先生曾说过："家庭者，人生最初之学校也。一生之品性，所谓百变不离其宗者，大抵胚胎于家庭之中。"认识到家庭教育的重要作用，对于我们每个人、每个家庭乃至整个社会都有着十分重要的意义。

父母既是孩子日常生活的衣食保障，也是孩子的人生导师，家庭教育至关重要。因此，家庭教育指导师需要经过科学系统的培训才能开展工作。

家庭是孩子成长的摇篮，可以说孩子的身体发育、知识增长、智能培养，尤其是品德陶冶、良好行为习惯和心理健康都需要原生家庭的熏陶与启迪。家庭教育是终身教育，具有长期性，一个孩子从出生到步入社会前，大多数时间都在家庭中度过，甚至走向社会后仍然离不开家庭的影响。因此，掌握家庭教育的科学方法，有针对性地认识、解决孩子成长中遇到的困惑和问题可以使孩子终身受益。教育出好孩子，要从成为好的父母开始，家长们，行动起来吧！

面对经济水平、文化水平比较高的家庭，可以通过信息化的媒介，为他们提供适合家庭教育需求的家庭教育指导；面对经济水平、文化水平低的家庭，则可以通过走访形式进行指导。每个家庭的家庭教育需求不同，家庭教育指导者应尝试个性化的定制服务来满足不同家庭的家庭教育指导需求，针对每个家庭的实际情况制定不同的家庭教育指导方案，真正做到满足家庭教育指导的个性化需求。

3. 对家长的指导要因人而异

在幼儿园里经常会有一些家长向教师请教教育孩子方面的问题。在工作中，笔者深刻体会到，对家长的指导要因人而异。

（1）根据家长不同的性格采取不同的指导。对喜欢表达自己见解的家长，我们采取言语沟通；对不善言谈和没有时间与教师面谈的家长，我们常用便条、家园联系册等书写的方法与家长沟通。比如笔者所带班的欣欣家长，特别不爱言语表达，平日很少和教师进行交谈，偶尔几句谈话也是弄得满脸通红。于是，针对孩子做事拖拉的缺点，笔者用小本子和家长进行了有效沟通，家长拿到本子后，按照教师的做法进行试验，效果立竿见影。欣欣妈妈写道："老师，用了您说的方法，孩子现在可真变了样。您的方法真好，谢谢！"

（2）根据家长不同的文化素质给予不同的指导。一般情况下，家长的文化素质高，能使孩子生活在一个有利于身心健康成长的家庭环境中。但有时家长不了解孩子的年龄特点，总用成年人的眼光要求孩子。对这类家长，笔者采用推荐书刊的做法。对于文化素质一般的家长，笔者采取引导家长自己发现问题、解决问题的方法。因为家长领会到自己的前后教育对孩子来说效果不同、差别较大时，这种方法使家长印象深刻，教育效果明显。如班里一名幼儿与周围人交往有问题，笔者向家长提出两个问题（孩子回家后都干些什么？你见到或听到过楼下小朋友的嬉笑声吗？）后，家长恍然大悟：哦，原来是自己没为孩子创造与人交往的机会与条件。在家长意识到自己的问题后，笔者有针对性地提出一些建议，这样家长就会与幼儿园一起对孩子进行同步教育了。

（3）根据家长对时间需求的不同给予不同的指导。第一，有效利用家长接送幼儿的时间，提前预约，开门见山，直入主题。第二，对那些离得较远或不是父母来接送的幼儿，常用电话和便条沟通联系其家长。第三，对幼儿存在的个性问题，采用直接面谈的方式与家长商讨解决。

只有满足家长的个性化需求，教育才能有的放矢，实效性才能增强；只有让家长看到孩子的进步，才有家园（校）合作的可能，家长才能积极主动地与教师真诚合作。

（二）提高家长"媒介使用能力"，选择适合低收入家长的家庭教育指导传播方式

媒介使用能力主要指家长从各种媒介获取家庭教育方面信息的能力，包括看电视、读书、看报、听广播、上网、人际传播等。随着信息化水平的提升，家长更倾向于用信息化的方式接收家庭教育的各种信息。

周葆华等学者研究发现，女性、中老年人、低教育和低收入群体在媒介知识上处于明显劣势地位。

波兹曼曾经对当代社会中的技术依赖予以深刻批判。他认为，这些技术手段的第一个要害是神化，把抽象概念转化为一个客观的事物，使我们相信科学方法能够给它定位，并对它进行测量。第二个要害是排序，以客观数字将智力等实际上无法测序的事物安放在一个序列等次中。第三个要害是数字量化，通过将客观数字神化来消弭概念上的主观性。技术依赖的解决之道，关键在于提高公众自身的媒介素养，让自己成为能够抵抗技术垄断的"信息时代的斗士"。

美国媒介素养研究中心指出，媒介素养是指人们面对各种媒介信息时的选择能力、理解能力、质疑能力、评估能力、创造和生产能力以及思辨反应能力。

在信息时代，公众在使用网络搜索时，应从以下四个方面提升媒介使用能力。

一是全面搜索检阅信息。例如竞价排名出现的根源，是竞价结果出现在搜索结果靠前的位置，容易引起用户的关注和点击，因而效果比较显著。一旦明晰竞价排名的机制，公众就会明白，排序靠前的信息未必是自己最需要

的信息。牺牲一些信息搜索的效率，扩大信息的检阅面，能够有效避免信息盲点，提高决策的全面性和准确度。

二是破除数字和量化指标迷信。技术依赖的一种突出表现，是在信息搜索中对排名、评分之类量化指标的搜寻，将这些量化指标视为"标准答案"。实际上，并不是所有的信息都能以量化的形式给出可供选择的标准。电影、小说、医院、学校、艺术、美食的评分、排名、计算分值等，并不能构成评判信息的充足根据，更不能把量化指标作为信息选择的最终依据。

三是重视传统的信息获得方式。波兹曼指出，不要为了追求现代性而漠视传统，不要排挤常识里的语言和思想，也不要认为老年人无关紧要。这实际上是在提醒我们，要尊重传统的价值。在信息时代，网络搜索固然带来了检索信息的便利性，但不能完全取代传统的信息获取方式。比如，对话交流、向老年人学习经验、阅读使用图书文献等，都有其宝贵的价值，是网络搜索无法替代的。

四是搜索信息的目的在于理解信息。信息时代的网民要清醒地认识到，网络搜索不能提供标准答案，在搜索信息的过程中，最重要的是掌握信息背后的真知。在搜索信息的时候，要学会分析信息，用常识去校验信息，对信息的真实性、时效性、权威性要有基本的评估，做到不仅要知其然，更要知其所以然。通过自我竖立防火墙，判断信息由何而来，应如何修正使用，从而获得真知。

基于此，应首先提高家长的媒介素养，学校、社区可以举行相关培训，提高家长使用信息化媒介手段和设备的能力。研究发现，三大媒介中，阅读纸媒的效果比较好，所以家庭教育指导应针对孩子的年龄阶段，有针对性地推荐家长订阅相关家庭教育报纸、杂志、书籍等纸质媒介；同时也可以尝试编制适合家长的内部刊物，供家长阅读。

家庭收入水平、文化水平的差异影响了家长的家庭教育指导认知程度，家长在家庭教育指导认知上的差异影响了家长寻求家庭教育指导的选择。

研究发现，家庭教育水平存在客观上的差异，家庭教育指导者应为家长定制个性化的家庭教育指导方案。信息接收水平会影响家长对家庭教育指导信息的获取，家庭教育指导者应通过提高家长的媒介使用能力来间接提高家长的家庭教育能力；同时，要充分利用多元传播媒介，填补在家庭教育宣传过程中的"信息化鸿沟"以满足家长寻求多元指导途径的需求，促进家长家庭教育水平的提升。

第三节 健全人格的培养

健全人格最简单的定义就是人格的正常、和谐发展。心理学对于健全人格的相关特征有学术角度的定义，认为可以从五个维度来定义一个人的人格是否健全、心理是否健康，即性格（内外倾向）、人格品质（善恶）、责任感、情绪稳定性和思维开放性。

健全人格是一个相对的概念。它的反面是不健全人格。当一个人的人格发展出现了偏离或障碍时，我们就需要对其加以纠正和解决，也就是人格的健全过程。

我们把一个人人格发展过程中出现的不平衡、不协调的情形称为"人格不健全"。反之，一个人人格发展平衡、和谐的正常状态，我们称为"人格健全"。健全人格的培养过程，就是要促进人的个性特征全面发展以达到人格发展的正常状态的过程。

一、人格的释义

人格是一个人各种心理特性的总和，是一个相对稳定的心理组织结构。它是一个人通过认识、情绪和情感、意志这些心理活动来认识外界事物，反映事物和自己的关系，体验各种情感，支配自己的活动。它对一个人的思想、情感和行为的影响将终其一生，是一个人区别于他人的独特心理品质。

心理学家从两个维度去解读人格，一个是气质，另一个是性格。

气质更多的是体现人格的生物属性。气质类型主要是由神经过程的特点决定的，是先天形成的，即遗传起着主导作用。了解孩子的气质类型，在塑造孩子性格的时候，就会扬长避短、趋利避害、事半功倍。

性格体现的是人格的社会属性。它通过一个人对现实的、稳定的态度和习惯以及行为方式表现出来，是在后天生活环境和生活习惯中形成的。它受历史文化的影响，有明显的社会道德评价意义。它由认知、情感和行为倾向三个因素组成，是可以塑造的。而青少年时期是塑造性格的最佳时期，性格一旦形成，就会比较稳定地影响一个人的未来。

健全人格是指健康而完善的、与社会发展相适应的人格。人本主义心理学家马斯洛认为，最健全的人格应该具备15个特征，概括起来包括4个方面的内容：自我悦纳，接纳他人；人际关系和谐；独立自尊；发现生命的意义并选择有意义的生活。健全人格对人生的意义之大是不言而喻的。毫不夸张地说，人格决定了一个人的生活方式，决定着一个人的成败，甚至决定着一个人的命运。

二、健全人格的标准

（一）爱心

一个人只有拥有爱心，他的存在才能对他人和社会具有价值，所以无论在东方还是在西方的道德体系中，都将爱心作为道德的最高准则，它是道德思想的出发点，也是道德思想的最终归宿。

人们的爱心大小是有差异的，根据爱心的大小可以划分出许多不同的层次。

爱心的最低层次是只爱自己，爱心很小的人甚至对自己的子女和配偶也缺乏真爱，他们抚养子女只是为了"养儿防老"，出于纯功利性的动机，如果不能达到此目的，他们可以毫不顾惜地将子女抛弃，甚至虐杀。

第二层次的爱是对子女和配偶的爱，因为这种爱包含着一些本能的生物学因素，因而这种爱的层次并不是很高。

第三层次的爱是对父母和兄弟姊妹的爱，许多人能够无条件地全身心地爱自己的子女，却不能以同样的爱心对待父母，所以爱父母和兄弟姊妹的层次要比爱子女和配偶的层次更高。

第四层次的爱是对朋友和同事等与自己相识并有较深交往的人的爱，这类人重友情，对朋友真心实意，他们对朋友的关怀和帮助完全是出于情感的需要，没有其他功利性目的，付出时并不期望得到什么回报。

第五层次的爱是对素不相识的人的爱，这种爱有时可以超越时空的界限，成为对众生的爱。拥有第二层次的人较多，达到第四层次的人也有一些，而能达到最高层次的则不多。

（二）忍耐

忍耐实际上是一个人的意志力，也就是在实现目标过程中克服困难的能力。有时也表现在对时机的耐心等待或延迟满足上。这方面素质较好的人面对困难时不会轻易放弃自己的目标，因而事业上拥有更多的成功机会。国外的一些专家曾经对这方面做过跟踪观察，结果发现，在孩童时期表现出较强忍耐力的人，成年后生活及事业上的成功程度明显高于忍耐力较差的人，可见应充分注意对孩子忍耐力的培养。

（三）宽容

宽容是指一个人的胸怀宽广，对自己不喜欢的事或不同的意见能够给予适度的包容，对冒犯过自己的人能够原谅。宽容必然会使一个人拥有更多的合作者和支持者，有助于事业的成功，也有助于保持自己内心的平静。

（四）乐观

乐观是健全人格不可缺少的一面，它能使人更加从容地面对困难和挫折。乐观可以使人发挥更大的主动性和创造性，是事业成功的前提之一。

（五）平和

平和是指一个人具有较强调节和控制自己情绪的能力，在遇到不顺心的事时不轻易发怒。具有这种素质的人必然会有良好的人际关系，更善于与他人合作，所以事业上成功的机会更多，家庭生活也更美满。

（六）节制

节制是对自身需求的约束能力。每个人都有各种各样的欲望，但对其满足应适可而止，否则无止境地追求很可能导致不利的后果。节制会使人知足常乐，保持良好的情绪。

（七）谦逊

谦逊不是表面上和口头上的谦虚，而是发自内心地对自己和他人的客观认识。因为任何成功和失败都受许多因素的制约，既有自身的因素，也有许多个人无法控制的外在因素，所以无论取得多大的成功都不能自高自大，对于不如自己的人也不应轻视。谦逊不仅可以使一个人进步，而且可以减少他人的嫉妒，避免一些不必要的麻烦。

（八）守信

一个人由于受某些条件的限制可以不答应别人的某些要求，但只要答应了就应该尽全力做到。只有这样才能得到他人的信任，才能立足于社会。

（九）责任感

责任感是对自己行为产生后果的充分考虑，并且勇于承担由此引发的各种后果。责任感可以使一个人具有较强的自我约束力，使自己的行为更符合多数人的利益。

（十）自我反省

自我反省在东、西方道德思想中占有非常重要的地位，因为这种素质对人格的发展有很大的作用。人只有通过自我反省才能发现自身的缺陷，才能自觉地进行自我调整，从而走向自我完善。

以上各项标准只是完美人格的理想目标，在现实生活中恐怕没有人能够真正达到完美的境界。但这并不等于说，这样的目标没有意义，因为我们只有首先知道和承认这一目标，才能不断地努力去实现它。另外，以上标准在实践中要掌握适度。强调爱心和宽容不等于善恶不分和放弃是非原则，强调节制和乐观不等于满足现状，不思进取。

三、健全人格的结构

健全人格是一个结构性概念。把人格看成一个相对稳定而又不断变化的结构，是认知人格理论的共识。一般认为，人格是由一组特质组成的，特质是构成人格的基本单位。特质决定着个体的具体行为。人格特质在时间上具有稳定性，在空间上具有普遍性。各种人格特质是每个人都有的，不过在表现上因人而异，从而造成人与人之间的差异。

健全人格就是要根据不同的任务要求和不同的人的实际，力争通过努力，让个体在人格特质的表现上有所变化。没有表现出来的要激发和挖掘，表现程度低下的要有所上升和加强，表现极端的要给以疏导和调节以免造成人格障碍。

笔者认为，作为一个结构性概念，健全人格的结构应当是一个多层次、多水平、多侧面、富有内在逻辑关系的、完整的心理成分构成物。从最一般的意义上说，认知、情感、意志三种心理成分是人格的最基本构件。它们的和谐发展在人格的健全上意义重大。方俊明教授就把知、情、意三方面达到高层次的发展水平且协调配合得很好的均衡高层次型的心理结构看作健全的人格结构。

从人格涉及的心理内容来分析，大体上应当包含一个人的世界观、人生观、行为的动力与调控系统，以及外在的、典型的、稳定的行为特征。它们也组成了由高到低的逻辑层次结构。世界观、人生观处于最高层次，制约着一个人的自我意识和行为动力与调控系统（如需要、动机等）。人的自我意识和动机情绪系统处于中间层次，是调节系统。而中间层次的人格特质又制约着外在的人格行为特征（如热情大方、谨慎、怀疑、独立等）。

健全人格的心理结构从形式上可以认为是知、情、意三者均衡协调活动的结果。这种心理结构可以减少内心的冲突，高效率地发挥调节与控制个体和内外环境保持动态平衡的心理机能。

从内容上看，健全人格大体包括内隐的人格心理特质和外显的人格行为特征两个方面。人格心理特质主要包括对社会、集体、他人和自己的态度，以及情感、意志和理智等方面的典型特征。人格行为特征主要体现在个体的社会适应性行为中。

从内隐的层次来分析，健全人格涉及人格心理特质的完整性以及人格心理特征发展的正常性；从外显的层次来分析，健全人格反映的是一个人在社会实践活动中表现出来的惯常行为方式（对自己、对他人、对社会、对环境等）的合目的性和合社会性。而在内隐层次和外显层次的中间，则存在由自我意识和动机情绪系统组成的行为调控机制，它成为联系两者的桥梁和纽带。这样，我们就将健全人格的心理结构看成"工"字形结构。

四、在家庭教育中培养孩子的健全人格

（一）营造充满正能量的家庭氛围

家庭是孩子成长的摇篮，家长是孩子的第一任教师。"人创造环境，环境塑造人"，说的是有什么样的家长就能创造出什么样的家庭环境，有什么样的家庭环境就能培育出什么样的孩子。在孩子身上总会打上家庭生活的痕迹和烙印，看到家长教育影响的影子。"橘生淮南则为橘，橘生淮北则为枳"，强调的就是环境的重要性。家庭环境的影响和熏陶，是家庭教育的无声语言，对孩子形成健全的人格起着潜移默化的作用，所谓"蓬生麻中，不扶自直；白沙在涅，与之俱黑"，说的就是这个道理。

人的本质是一切社会关系的整合。人格是受遗传因素影响的，也会受到后期社会环境的影响。周围健康的环境对健全的人格形成起着关键作用。健全人格主要受家庭环境的直接影响。所以，应该从家庭教育入手，让孩子做一些力所能及的劳动。家长是孩子的第一任教师，其对孩子的引导和培养至关重要。让孩子做力所能及的劳动在培养孩子动手能力的同时也能增强孩子的责任心，让孩子有满满的参与感和成就感，家长要多多鼓励孩子。想要让

孩子健康成长，就必须让孩子有自主支配的时间。鼓励孩子去了解课本以外的知识，给予孩子足够的时间去接近自然环境，感受生活的美好。我们都知道，学生阶段是人一生中最重要的阶段，所以学生的身体素质和心理健康是人格发展的重要方面。因此，加强学生的心理健康教育是至关重要的。

（二）家长要用智慧培养孩子的健全人格

自尊、自信、自立、不断进取是培养孩子健全人格的核心内容。这些核心内容相互依存，相互影响，成为构建健全人格大厦的根基。这对孩子来说尤为重要，弥足珍贵。

自尊是个体对其社会角色进行自我评价的结果。自尊水平取决于个体在社会实践中得到评价结果的总和，自尊受到鼓励的孩子更自信，会觉得自己有价值、有力量、有意义。相反，自尊受到打击的孩子，就会感到自己无能、弱小、产生自卑心理，以致丧失自信。一个生活在低自尊状态的孩子很难看到未来和希望。

那么，在家庭教育中如何提高孩子的自尊水平呢？在现实生活中，家长容易出现两种倾向：一种是对孩子的现实始终不愿意接纳，对孩子缺少关爱，表现冷漠；另一种是觉得孩子的不幸是家长造成的，为此充满自责心理，在这样的心理支配下，家长会过度关注孩子，用加倍的爱去补偿孩子，对孩子的要求不分对错，无条件地满足，造成对孩子的溺爱。漠不关心和过度关爱这两种倾向虽然表现对立，但实质是一样的，都不自觉地伤害了孩子的自尊。第一种情况容易让孩子形成自卑、敏感和不安全性格，第二种情况容易导致孩子任性、跋扈、没有对错和是非观念。这两种情况会对孩子正确认识自己、正确自我评价，建立良好的人际交际能力，融入社会，带来难以挽回的不良影响，是家庭教育中的大忌。对于一个孩子来说，没有什么比平等更重要的了。把他们和普通孩子一样看待就是对他们的最大尊重，不用异样的眼光去过度关注就是对他们最好的接纳，没有同情和怜悯就是对他们最好的认可。而尊重、接纳和认可恰恰是在家庭生活中培养孩子高自尊时最简单也是最难做到的事情。

第二章
家庭教育的内容

家庭亲子游戏和家庭派对是提高孩子自尊水平的有效途径。在活动时可以矮化目标，就是从孩子身心承受能力的实际出发，用心去设置孩子通过努力能达成目标的适合情景和活动，让孩子体会到参与的快乐和成功的喜悦。比如，在家庭进行的具有竞赛性质的亲子活动中，家长不仅要考虑孩子的安全、活动的可操作性、预设孩子的情感体验，还要掌握孩子经过努力，身心能够承受的最大阈值，根据最近发展区理论，找到孩子在活动中的潜能点。在活动中，家长要全身心地"卷入游戏"，积极参与其中。家长要有意识地放慢自己的节奏，紧跟孩子的进度，耐心等待孩子完成任务后，再呈现自己的结果。让孩子在胜利中享受游戏的快乐。在和孩子一起活动时，家长装傻和矮化自己是一种艺术，是调动孩子参与活动的积极性并在活动中建立良好亲子关系的有效策略。正是家长这种大智若愚成就了孩子的高自尊，是家长智慧的表现。家庭派对也是提高孩子自尊水平的有效方法，按照相似性和可比性原则，在选择群体时，要选择和孩子程度相对应的人群，扬长避短，以便孩子在相同人群中找到知音、找到归属、找到快乐，从而提高孩子的自尊。

家庭生活是培养孩子高自尊的教练场，家长既是每场活动的导演又是出色的演员，始终掌握着活动中培育孩子高自尊的主动权。无论是什么样的活动，家长的主导作用和孩子的主体作用都不能错位，多站在孩子的角度思考问题。对孩子和家长来说，每一次活动都是一次挑战，不要设想一蹴而就，要把困难想充分，把功课做足，以充分的心理准备迎接挑战。

自尊需求的满足会成就自信。自信的建立，是孩子在一次次成功体验中叠加累积实现的。它来自孩子在高自尊形成的一次次生活体验中，一次次社会实践中，涓涓之水汇成江海，日久天长就会形成孩子挑战自我、战胜困难的磅礴力量。对孩子来说，自信比黄金都珍贵，有了强大的自信心，就没有什么克服不了的困难。孩子有了自尊和自信的心理养料，自立和不断进取就会变得易于操作和自然而然。

在孩子的成长过程中，家长的榜样力量不容忽视，身教重于言教，榜样的力量是无穷的。家长的优良品质会感染孩子，给孩子以力量。有一个热爱生活、热爱工作、积极进取的家长，孩子想玩世不恭、自暴自弃、好吃懒做都难；一个面对挫折和困难、咬牙坚忍、永不低头的家长一定会培育出一个性格刚毅的优秀孩子。

家长在对孩子教育的布局谋篇中，要从长计议，考虑孩子的长远发展和安身立命之本。对孩子自立能力的培养，要从生活的衣食住行入手，从生活的点滴做起，从培养他们的生活能力做起。在日常生活中，孩子在生活自理上可能表现得不尽如人意，在这种情况下，家长要不急不躁，表现出极大的爱心、耐心和恒心，在简单重复、循环往复、不厌其烦中静待花开。切忌以爱的名义越俎代庖，包办代替，剥夺孩子的成长和发展的权利。

要敢于在生活中摔打锤炼孩子的顽强品质，要在孩子千百次的跌倒中鼓励他们爬起来直面生活，这不是对孩子的折磨和残忍，而是给孩子的大爱。

在家庭教育中，也可以用成功人士的故事激励孩子，让他们学有榜样，为他们奋然前行提供动力。著名的"黑洞理论"及《时间简史》的作者霍金，大名鼎鼎的作家海伦·凯勒，出身贫寒、50岁耳朵失聪的钢琴家贝多芬，时代楷模张海迪，29岁考进哈佛大学的脑瘫患者丁丁，这些人身残志坚，创造出了正常人都很难创造的人间奇迹。他们鲜活的、可圈可点的励志故事，更容易引起孩子的共鸣，变成他们的精神食粮，成为他们自立自强、不断进取、砥砺前行的力量源泉。

家庭是孩子人生中的第一所学校，家长是孩子最重要的启蒙教师。家庭教育作为孩子通向社会的第一座桥梁，对孩子的个性、品质和健康成长起着极其重要的作用。呵护孩子的成长，关爱孩子的健康，培养孩子的习惯，开发孩子的智力，健全孩子的人格，这一切都是从家庭出发的，都与父母分不开。父母与孩子朝夕相处，接触的时间和机会最多，孩子从父母跟前学到第一句话，孩子从父母面前迈出人生的第一步，父母是孩子的第一个朋友，父母是孩子的第一任教师，孩子从父母那里学到人生最初的经验，养成人生最初的情绪。所以，相信所有的父母都和笔者一样，对孩子的成长十分关注。要让孩子健康成长，并且成才，取决于很多方面——来自家庭的教育，来自学校的培养，来自社会的熏陶……

（三）提高孩子的道德情操修养

高尚的道德情操修养包括助人为乐、公私分明、不损人利己、勇于修正自己的错误等。这些高尚的道德品质和情操的形成，要求从小对孩子进行教育，从孩子懂事起，使其逐步明确是与非、正确与错误的观念，并对其严格要求，做对了就肯定、表扬，做错了要以适当的态度和方法进行引导与制止，使其明白应该怎样做，不应该怎样做。久而久之，便能促使孩子养成高尚的道德情操，改掉不良的道德行为。

培养孩子具有高尚的道德情操，是他们成才的需要。所有时代的大科学家都是品德高尚的人，都很重视道德修养，他们把思想品德既看成社会进步的需要，又看成成才的需要。例如，爱因斯坦认为，"一切人类的价值的基础是道德"，而道德行为则是"对全人类更加幸福的命运的善意的关怀"。献身科学、造福人类，就是爱因斯坦的人生观和道德观，也是他的理想和奋斗目标。他认为，一个人的理想决定其方向和道路，又是其学习和工作的动力。特别是现代科学技术的发展呈现一种高度分化又高度综合的趋势，仅仅靠个人奋斗就想在科学上有重大发现和突破，那是非常困难的。例如，《大英百科全书》（1746年）开始只由两名科学家编写，而后来的《大英百科全书》（1967年）则是由一万名专家共同编写，它是集体劳动的结晶。而在今天诺贝尔奖获得者中，靠合作研究取得成果的占据75%。科技人员通过友好合作和互相支持来取得事业和工作上的成就已经势在必行。因此，年轻一代必须加强集体观念，才能适应现代科技发展的需要。

（四）培养孩子独立做人的能力

现在很多孩子的独立自主能力比较差，养成了衣来伸手、饭来张口的坏习惯，无论什么事情都由长辈帮他来完成。而独立能力对孩子的一生都是至关重要的。独立能力强的孩子，无论是在生活还是学习上遇到困难和挫折时，都能坦然和从容地面对。而父母也不需要为独立能力强的孩子操太多的心。父母是孩子的第一任教师，那么作为父母该如何培养孩子的独立能力呢？

1. 教育孩子干力所能及的事

很多父母在孩子的成长过程中过于溺爱孩子，当孩子能够自己承担责任时，却不让孩子主动承担，导致孩子长大后成为"巨婴"。所以，想要培养孩子的独立性，就要从小教育孩子干力所能及的事。在生活中，有些孩子上小学了都不会动手穿衣服，这未免有些夸张。

2. 提高孩子的自信心

自信心对孩子来说非常重要。在家长群里，总会有一些家长喜欢拿别人家的孩子跟自己家的孩子作比较，其实这样对孩子的成长非常不好，损害了他们的自尊心，让孩子变得不自信。缺乏自信心，再想实现孩子的独立性就十分困难了。

家长一定要注意教育孩子的方式，多看看孩子的优点。在教育孩子的时候，多找一些孩子身上的优点。在日常生活中，家长要学会夸奖孩子，这样会增强孩子的自信心，对培养孩子的独立性更有帮助。

3. 要让孩子学会适当的忍耐

"宝宝又摔倒啦？来让妈妈看看，妈妈抱抱，不哭不哭。"不知道各位家长对这一幕是不是很熟悉呢？

幼儿小时候走路摔倒是再正常不过的事情，他们完全可以自己站起来。其实，幼儿不觉得摔倒是什么大事，本来没想哭的，反倒是家长看到幼儿摔倒，急忙跑过去扶起来。这时幼儿为了得到爸爸妈妈更多的关爱，会哇哇大哭，慢慢地产生了摔倒要依赖父母才能站起来的心理。

所以，下次遇到这种情况，正确的做法是对幼儿说："没事，站起来拍拍灰就不痛了。""宝宝真棒，自己就站起来了！"虽然只是短短的几句话，但是对培养幼儿的独立意识很有帮助。

所谓教育，实际上就是从细节着手，让孩子规避错误，减少走歪路的概率。最重要的是，要以性格和品质的培养为主。因此，及时培养孩子好的行为习惯，对于孩子的成长是十分重要的。培养优秀的性格、习惯，拥有自信乐观的心态，学会控制自己的情绪，合理化解生活中的负面情绪，才是孩子应该学习的技能。

这个世界上没有学不好的孩子，只有不会教的父母。在成长过程中，父母多花心思，给予孩子正确的引导，培养出优秀的孩子是很容易的。

在孩子情绪管理方面，很多家长推荐《妈妈我能行：孩子情绪管理与性格培养绘本》这套书。这套书共有10大主题，分别对应培养孩子的自信、情绪管控、勇敢、自律等，有助于孩子认识和管理自己的情绪和养成良好的性格。许多家长意识不到孩子应该是独立的人，许多事应该由他们独自选择、独自面对，而是处处溺爱孩子，事事包办代替，其结果只能是导致孩子的自理、自立能力差，使孩子形成严重的自我中心意识，不考虑他人，也不会感激父母和他人为他所做的一切。我国著名教育家陶行知先生曾说过："滴自己的汗，吃自己的饭。自己的事，自己干。靠人，靠天，靠祖先，都不算是好汉。"父母要教育子女有这样的志气与勇气，同时也要为孩子创造这样的机会，既要有要求，又要有指导，要敢于给孩子任务，让孩子独立完成，事情可由小到大，由简单到复杂，应鼓励孩子独立思考，以培养其独立思考、分析问题和解决问题的能力。

（五）帮助孩子树立责任感和养成意志力

意志力的锻炼离不开生活和困难的磨砺，不要事事都无条件地满足孩子，特别是在劳动上，要让孩子从小做一些家务。家务劳动对孩子责任感和意志力的形成具有很重要的意义。让孩子做一些家务劳动可以培养他们吃苦耐劳、珍重家庭亲情、尊重他人的品质。从心理和成长角度来看，孩子其实是喜欢参加劳动的，更喜欢承担一些责任，以确立他在家庭中的位置，并提高自己处理问题的能力。这是他们成长中的自然需求，我们应该满足他们。

因此，父母应培养孩子热爱劳动的良好习惯，并以此作为培养优良人格的切入点。在家务劳动中，为孩子选择一个适合他的岗位，郑重其事地交给他，使他产生光荣感和责任感，并且在劳动的艰辛中磨炼自己的意志力，培养克服困难的精神。

（六）让良好的个性陪伴孩子成长

良好的个性特征如刚毅、能团结人、能吃苦耐劳、能独立思考等，可以让孩子终身受益。孩子良好个性的形成，并非一日之功，要靠不断地磨炼和实践。俗话说："江山易改，本性难移。"孩子的个性一旦形成，要想改变，就会是一件很困难的事。家长要有意识地从一些细节和小事入手，促使孩子形成良好的个性。例如，要培养孩子善于团结人，家长就必须从孩子小时候抓起，在其逐步成长的过程中，随时给其关心和指导。

学会认知、学会做事、学会共同生活、学会做人。做一个独立自主、勇于创新、开拓进取、有责任感、人格完善的人，即全面和谐发展的人。作为父母要重视孩子的人格培养，让他们具有爱己、爱人之心，以乐观积极的生活态度，正确面对自己的学习和生活。一个人只有具备健康的人格，才能成为富有道德情感的正直公民。这既是人的立身之本，也是家庭教育之基。

（七）给孩子自由、适当的空间

自由是心灵成长的基础，是创新思维的源头，好比人体里的水一样，一时一刻都不能少。现在有些家长为了让孩子学习好，几乎剥夺了孩子的一切自由活动空间，这就像是一棵正在成长中的幼苗，不允许它长出任何枝杈，只要发现有枝杈长出，就会毫不留情地剪掉。这样，即使小树苗长大了，长高了，也不会拥有真正的健康。所以，我们要给孩子自由的空间，使孩子在无拘无束中，尽情地享受成长的快乐，这对孩子个性的发展和良好品格的养成是有好处的。

孩子出生在不同的家庭中，周围的人不一样，父母的风格也不尽相同，难免会受到不同周围环境的影响。这样就会出现有的孩子自我控制能力强，有的孩子自我控制能力弱等情况。父母要根据孩子的性格以及所处环境来决定是否给孩子足够的自由空间。

父母不能不管不问孩子的生活。有的父母可能会对给孩子足够的自由空间产生误解，认为给孩子自由空间是不管孩子的任何事情，孩子想干嘛就干嘛，这是不对的。所谓给孩子自由的空间就是在孩子需要父母的时候父母在，孩子不需要父母的时候，父母给孩子独自学习成长的空间。

教育的最高境界是自由发展，发展的前提是自由，正如画家刘埔说的"成功要靠自己去成功，如同成长要靠自己去成长"。不要有太多规矩限制孩子的自由，要让孩子去做自己喜欢的事，让他有一片自由发挥的天地。

（八）和孩子学会沟通

孩子就是我们小时候的翻版，我们小时候没有完成的愿望、没有做到的事情等各种各样的遗憾，都会希望在孩子身上实现。我们对孩子的期望很多，可是孩子有自己的想法，他们会觉得父母管得太严，管得太多，自己没有一定的成长空间，常常会做出一些事情，使我们不高兴。在这时，家长应该如何处理？任其发展是不可能的，严加管教必然会适得其反，这使家长心里很矛盾。加强沟通，多与孩子接触，把自己放在孩子的位置，设身处地为孩子考虑，与孩子互换角色，让孩子知道父母对他们的关心、焦虑和想法，同时真正体会到孩子心里的想法。

倾听是与孩子进行有效沟通的前提，不会或者不知道倾听，就不知道孩子究竟在想什么。如果连孩子在想什么都不知道，那么又怎能有效沟通呢？

父母要有主动倾听孩子的意识，去了解孩子的快乐、委屈等。

在孩子说话的时候，父母要做出认真倾听的样子。比如，可以适当地说："真的吗？快接着往下说，我听着呢！"孩子感觉到父母的关注，会更愿意说出自己的事情。

（九）做孩子永远的朋友

教育好孩子就要做孩子的好朋友，首先要充分尊重孩子的自尊心。当出现事情时，要先听听孩子的意见，不要把家长的意志强加到孩子身上，正所谓"己所不欲，勿施于人"。如果孩子意见不正确，我们要耐心地对孩子说服教育，让其认识到自身的错误，不能采取简单粗暴的方式让孩子接受。

陪伴是最好的教育，很多家长总是说工作很忙，没有时间。其实不然，每个孩子都需要陪伴，只有陪伴才能及时发现孩子的问题，才能及时纠正，

这既是家长的责任也是家长的义务。

要减少孩子的压力。很多家长对孩子的要求太高，生怕自己的孩子比别人家的孩子落后，强行给孩子报各式各样的辅导班；还有的家长关注点只放在分数上，考不好就是责备，考好了却认为是理所应当，导致孩子失去对学习的兴趣。

总而言之，家长对待和教育孩子，要因材施教，采取合理和可取的教育模式。如何教育孩子是家长一生的功课，只有在实践中不断探索，不断学习，才能做好这门功课，使自己成为一个好家长。

其实，家长所做的仅仅是教育当中的一部分，更多的教育还要靠教师的辛勤工作。因此，在向教师表示深深谢意的同时，家长还要继续努力配合学校的教育，做好家长该做的工作，陪着孩子健康快乐地成长。

我们期待每一位家长的成功，期待每一个孩子健康成长，期待每一个家庭幸福欢乐！

"有火石在，火就不会熄灭。"健全人格的培养是一项关乎孩子一生的奠基工程，只有帮助孩子建立起健全的人格，他们的人生态度才会乐观向上，生活态度才会积极热情，才会在自己未来的生活中不断自我发展、自我塑造与自我完善，才能以自尊自信、自强自立的精神面貌，无障碍地、有尊严地融入这个社会。

第四节 道德品质的培养

家庭少不了父母和孩子,家庭教育即家长在家庭生活中,自觉地、有意识地对孩子言传身教。

俗话说:"十年树木,百年树人。"一个孩子从呱呱坠地到长大成人要经历漫长的学习。而家庭教育是一个人成长发展无法离开又不可缺少的组成部分,父母是孩子第一任且永不卸任的教师。家庭教育为接受集体教育奠定良好的基础,良好的基础教育是培养高素质人才的必备条件。作为家长要充分认识到家庭教育的重要性,自觉地做好孩子的教育工作,尽到家长的责任与义务。通过家庭教育把自己崇高的品德、渊博的知识、丰富的经验潜移默化地传给下一代,使孩子具有良好的思想意识、高尚的道德情操、健全的心理素质、团结合作的精神、吃苦耐劳的品格,全面发展成为高素质建设人才。

家庭教育是中华优秀传统教育文化的重要组成部分。"岳母刺字"的故事千古流传,不正是说明了家庭教育的重要性吗?父母是家庭教育的主体。父母的行为对于孩子在小学阶段的行为以及以后的发展具有深远的影响。孩子在幼儿园以及小学阶段对自己的父母是非常信任的。父母怎么做、怎么教,孩子就会跟着做、跟着学。因此,在孩子小学阶段,家庭教育一直扮演着非常重要的角色,是孩子在小学阶段道德品质、行为习惯养成的心灵基础。

一、品德力的概念

品德是个体依据一定的道德行为准则在行动时表现出来的稳固倾向与特征,就其实质来说,是道德价值和道德规范在个体身上内化的产物。

品德力，是指某人以其高尚的道德品质、崇高的人格、美和善的道德行为，吸引、感召、影响社会其他成员的一种能力。一个人在长期的社会实践中所表现出来的高尚道德品质及崇高的道德人格引起人们对他的信任、赞誉、钦佩，最后从行动上进行学习和效仿，就可以说此人具有极大的"品德力"。

品德力是人在各种活动中，在面临道德问题作出道德评价和道德选择并付诸实践时，在人类活动中产生的一种效能。品德力，也可以理解成为"品德影响力""品德感召力"。

"自天子以至庶人，壹是皆以修身为本""非礼勿视，非礼勿听，非礼勿言，非礼无行""政者，正也""其身正，不令而行；其身不正，虽令不行""道之以政，齐之以刑，民免而无耻，道之以德，齐之以礼，有耻且格"……虽然古代没有"品德力"这一表述，但这些思想渊源均较为明显地集中表现在个人道德修养和社会道德建设方面。总之，品德力的思想渊源由来悠久，在中国伦理道德思想中博大精深，源远流长。

品德力有别于品德。首先，品德力依附于品德存在，品德力更强调品德的实践作用。其次，针对品德在实践过程中带来的效果是推动还是阻碍，可以把品德力分为善的品德力和恶的品德力。善的品德力就是起促进推动作用的正向品德力，恶的品德力就是起阻碍作用的反向品德力。

孩子品德力是孩子身上具有的正向的善的品德力，对应我们平时所说的"立德树人"。已经立好德行的孩子，我们就说他具有了"孩子品德力"。应该说，孩子品德力是孩子健康成长过程中产生的修养力、实践力、影响力、魅力。它若隐若现，平时看不见，但又确实存在。

二、品德力的特点

有人根据孩子不同年龄段的身心发展特征，把孩子的品德发展，分成了四个时期。

（1）0~1岁是品德适应性时期。这个时期不可能有道德认识，也不可能有意做出什么道德行动来，婴儿需要的是有规律的满足和舒适的照顾。

（2）1~3岁是品德萌芽阶段。机械地以"好"（如"乖""对""好人"）与"坏"（如"不好""不乖""坏蛋"）为标准，并能做出合乎成年人要求的道德行为。此时，孩子掌握不了抽象的道德原则，道德行为是极不稳定的。

（3）3~7岁是情境性品德发展期。这时期，孩子道德行为的动机带有很大的情绪性和情境暗示性。这个阶段的主要任务是开始接受系统而具体的道德品质教育。

（4）7~12岁是品德发展的协调性时期。道德知识系统化并形成相应的行为习惯。低年级时，道德行为还依赖教师、家长的指令，言行比较一致，动机与行为也比较一致。随着年龄的递增和道德动机的发展，到了高年级，言行一致和不一致的分化逐步增大。这个时期的主要任务是发展道德信念，以提高道德行为的思想境界。

从孩子以上四个时期的品德发展情况，我们可以看到孩子品德力具有非常明显区别于成年人的特点。

三、培养孩子品德力的意义和价值

在国家层面上，坚持立德树人，助力加快推进教育现代化、建设教育强国。2018年9月10日，全国教育大会在北京召开。会议指出，要在坚定理想信念上下功夫，教育引导学生树立共产主义远大理想和中国特色社会主义共同理想，增强学生的中国特色社会主义道路自信、理论自信、制度自信、文化自信，立志肩负起民族复兴的时代重任。要在厚植爱国主义情怀上下功夫，让爱国主义精神在学生心中牢牢扎根，教育引导学生热爱和拥护中国共产党，立志听党话、跟党走，立志扎根人民、奉献国家。要在加强品德修养上下功夫，教育引导学生培育和践行社会主义核心价值观，踏踏实实修好品德，成为有大爱大德大情怀的人。会议还指出，"精神的力量是无穷的，道德的力量也是无穷的"，要"为实现中华民族伟大复兴的中国梦凝聚起强大的精神力量和有力道德支撑"。

据此，品德力的价值和意义有：

在社会层面上，助力社会风气好转，营造全社会育人的良好氛围。

在学校层面上，促进以新的方式推进立德树人工作。长期以来，学校教育疏于德，存在"软、浮、虚、乱、散"问题。

在家庭层面上，进一步推动注重家庭、注重家教、注重家风的精神落实。

在健康成长层面上，孩子品德力的养成是孩子健康成长和个性发展的需要。在生活中，我们不难发现，现在的孩子在行为习惯上不少表现为自私、说假话、没礼貌、任性、粗暴、不爱惜公物、行为无拘无束、遇到困难就大哭大闹等，这在一定程度上降低了孩子的社会适应能力，以致孩子不能健康地成长。

品德力的养成呼唤更多孩子品德养成指导师的出现。"金三角人格理论"指出，智慧力、品德力和意志力，是重要的"成功人格三要素"，而品德力的作用更加基础、更为重要。可以预期，随着国家对孩子品德力的重视和政策落实程度，从历史维度接续源远流长的中华优秀传统美德，既可以从现实层面解决纷扰的孩子成长问题，还可以从学术层面助力新时代中国孩子成长理论自信、道路自信、文化自信和教育自信。

四、家庭教育对孩子德育的影响

（一）对于培养孩子的爱心有教育意义

父母对子女的爱伴随子女的一生。在小学阶段，随着孩子的成长，多数父母会抱怨自己的孩子不理解自己。他们认为孩子自私，不懂得和别人分享，而这样的孩子在小学阶段是没有什么朋友的。造成这种情况的原因多是父母对孩子太过溺爱，对孩子的索求听之、任之，对孩子其他方面疏于教导，使孩子在步入小学后无法适应小学的教学方式，对教师和同学没有产生足够的信任。长此下去，孩子在小学阶段会养成孤僻的性格，这对孩子在小学阶段的成长是非常不利的，孩子也不会在小学阶段养成良好的道德品质和习惯。

（二）有助于培养孩子的责任心和感恩心

责任心是一个人对自己和他人、集体和家庭、国家和社会负责的认知、情感与信念，以及与之相应的遵守规范和履行义务的自觉态度。而孩子责任感的源泉正是自己的父母。为了让自己的孩子养成良好的责任心，父母要在家庭教育中树立榜样作用。

"百善孝为先"，孝心在孩子父母身上的体现是培养孩子感恩心的良好依托。有人说，"你现在怎样对你的父母，你的孩子将来就会怎样对待你"。由此可见，孝心、感恩心的养成对于一个孩子的影响是一生的。孝心与感恩心的培养，需要父母对孩子进行引导。这对于孩子在小学阶段养成良好的道德品质习惯具有深远的影响。

五、家庭教育如何培养孩子的道德品质

（一）通过生活实践培养孩子爱心

爱心是一个人同情与包容他人的良好品德。为了培养孩子的爱心，父母可以从多方面做起。例如，带领孩子收容并养育一些流浪的小动物。让孩子在养育小动物的过程中体会快乐，培养孩子的同情心。而同情心是爱心表现的方式之一。父母在孩子很小的时候多陪伴孩子一起做游戏、聊天、学习，给孩子多些微笑，多些关心，潜移默化下，孩子就会具有爱心的品质以及奉献爱心的行为习惯。这样孩子在进入小学后就能更好地与同学建立友情，对于孩子养成良好的道德品质具有促进意义。

（二）通过言传身教培养孩子的责任心、感恩心

父母在陪伴孩子外出游玩的时候，看到路旁被他人遗弃的垃圾，要捡起来放进垃圾桶；在倒垃圾的时候，父母带领孩子把垃圾放到正常存放垃圾的位置。然后在面对类似情况时，引导孩子去独立完成，并对孩子的做法予以表扬。小学是孩子学习与认知发展最快的阶段，父母作为孩子的第一任教

师，自然要养成正确的责任教育行为。这样才能让孩子在小学阶段接受学校进行的更好的教育教学工作，促使孩子养成良好的道德品质。

在孩子小的时候，多带孩子去孩子多的地方，通过引导孩子和其他孩子进行玩耍的方式，使孩子养成与他人互帮互助的良好行为习惯。这样，孩子在进入小学以后能更好地融入新的环境。在家庭里，父母要树立孝顺父母的好榜样，给自己的父母洗衣服、做饭，在父母生病的时候多陪伴父母、伺候父母。久而久之，孩子的孝心也会在潜移默化中养成。而家庭中培养孩子的孝心与在小学阶段培养孩子良好的道德品质是互助的。

（三）为孩子创造良好的家庭氛围

什么样的环境会造就什么样的人。在家庭里，一个好的家庭氛围不仅给孩子提供了一个良好的成长环境，也有助于对孩子进行更好的家庭教育，对于塑造孩子的人格与品格具有促进意义。不好的家庭氛围，会给孩子灌输许多负面情绪，不利于孩子在小学阶段养成良好的道德品质。

（四）注重文明礼仪教育

父母要教育孩子衣着得体、朴素大方，与人见面打招呼，遇见长辈说"您好"，对他人提要求说"请"，给人添麻烦说"对不起"，得到帮助说"谢谢"，与人分手时说"再见"。教孩子使用礼貌用语，家长必须在待人接物中正确使用礼貌用语，把自己当作孩子的活教材，创造机会让孩子随时随地练习，逐渐形成自觉使用礼貌用语的习惯。

孩子的行为举止，既显示出个人的修养，也反映出家庭教育的水平。在日常生活中，家长要特别重视并经常利用可能的机会对孩子进行这方面的教育。作为家长，笔者时刻注重培养孩子的道德品质，路上遇到熟人主动打招呼，笔者告诉孩子这是一种文明举止；公交车上，看见老年人，笔者主动让座，使孩子知道这是一种文明举止。

孩子模仿最多的是父母，父母在孩子面前要做到谨言慎行。家长随便说出的一句话、一件小事的处理都能在潜移默化中影响孩子良好品德的培养。

笔者对很多年前亲身经历的一件事至今记忆犹新。那是一个阳光灿烂的星期天，笔者带儿子去刚开放的世界之窗玩。兴致勃勃玩了一天的儿子，回家路上明显疲倦了，拉着笔者的手只喊累，公交车上好不容易等到一个靠后的座位，笔者让他坐下。只坐到一站路时，从前门上来一位老年人，车上的人也许都累了，居然没人让座。这时，儿子连忙下位招呼老年人就座。这件事使笔者深有感触。儿子的举动使笔者既心疼又欣慰。心疼的是，笔者知道儿子其实已经筋疲力尽了；欣慰的是，他知道了要关爱他人，尊敬老年人。说明笔者平时的话他记住了。"身教胜于言教"，这句话用在父母对孩子的品德教育上再合适不过。

（五）注重关心爱护但不溺爱孩子

父母对孩子的关心爱护，应以有利于孩子身心健康为前提，离开这个就会与望子成龙、望女成凤背道而驰。父母对孩子的爱应是理智的、有分寸的，决不能溺爱。现实生活中，不少家长把对孩子的关心爱护变成了溺爱，把孩子当成"小皇帝""小公主"，一味地偏爱和护短。比如，孩子回家告诉家长今天同学打他手了，这下不得了了，爷爷奶奶、爸爸妈妈气势汹汹找到学校，不问前因后果，质问："谁打了我孩子，我要打回来。"试问，这种教育方法如何给孩子树立榜样？培养的恐怕就是娇气、蛮横无理、为所欲为的不良品德与习惯。如果任由这些不良品德与习惯发展，则后果不堪设想，值得每位家长深思。

家长要有理、有分寸地关心爱护孩子，既要让孩子感到父母真挚的爱，感受到家庭的温暖；又能激发孩子积极向上的热情，关心父母和他人。父母应逐步要求孩子做一些力所能及的自我服务和家务劳动，这不仅培养孩子热爱劳动、关心集体的好品德，还培养孩子的智力和自理能力。

家长应正确对待孩子的要求，不能有求必应，家长过分地满足孩子需求容易引发过高的欲望，养成贪婪的恶习。一旦家长无法满足，就会致使孩子难以管教，容易走上邪路。当然，对孩子的合理要求，要根据实际情况和家庭经济条件尽量满足。如买一些有利于增长知识、开发智力、丰富精神生活的图书及

必要的学习用品。

（六）注重严格要求与和谐相处

关心爱护和严格要求对于培养孩子的良好品德与习惯是对立统一的两个方面。有的家长认为严就是厉害，对孩子要给好心而不给好脸，孩子只有害怕父母，才能教育好。有的家长认为严就是不听话时，就要打骂，赞成"不打不成才"的说法。其实，这些认识都是不对的，对当今的孩子采取这些是难以奏效的。如果对孩子动辄打骂训斥，孩子就会不愿意接近父母，对父母敬而远之，更不愿与父母进行交谈，就很难取得好的教育效果。所谓严格要求是父母根据孩子的身心发展水平和年龄特点，提出孩子有能力达到的合理要求。若父母对孩子要求过高，孩子经过努力也无法达到，就会丧失信心。

（七）注重挫折教育，关注孩子全面发展

"不经历风雨，怎能见彩虹。"温室里的花朵承受不了狂风暴雨，捧在手心里怕痛的爱子观，会导致孩子意志不坚定、心理承受能力差，而挫折会激发孩子勇敢无畏的精神，积极面对遇到的困难。

古语说"自古英雄多磨难"，青少年时期是长身体、长知识、培养高尚品行情操和良好气质的关键时期。笔者的孩子在读高三时，一次月考成绩不理想，加上学习确实紧张，使他产生了畏难厌学的情绪。笔者耐心地与他分析了这次失误的原因，告诉他学习不能只看分数，让他明白"失败乃成功之母"。通过这件事，笔者发现孩子又振作了起来，成绩也赶了上来，最终以良好的成绩考入了理想的大学。

一个人养尊处优，把享受建立在他人的劳动之上，就会不思进取。经历过艰难困苦锻炼的人，不但有坚强的意志、实干的本领，还会产生尊重他人、珍惜时光、爱护财物等优秀品质，这对适应社会并有所建树，大有裨益。

父母可以给孩子创造良好的学习条件和生活环境，但决不能给孩子太过奢侈的物质享受。

要培养孩子良好的道德品质，父母应以高度的责任心养育子女，不能一味地顺其自然，缺乏一种"负责任"的态度。不是说父母把孩子的饮食起居照顾得很好，就叫负责。负责与否，决定了孩子是成为一个一无是处的人，还是成为一个坚强独立、独当一面的人。负责，是对孩子能力的培养负责，是对孩子身心健康成长负责，是对孩子人生蓝图负责，对孩子的未来负责……

第五节 社会认知的教育

社会认知是指个体对心理世界和社会关系的认知。作为孩子社会性发展的重要方面，社会认知是孩子学习活动中不可或缺的内容。而游戏作为孩子最重要的活动、最主要的学习方式，对其社会认知的发展起着非常重要的作用。

一、孩子社会认知普遍存在的问题

中国是人口大国，就业竞争激烈，导致学业竞争激烈，巨大的学习压力迫使孩子每天想着学习、考试、分数、名次，对周围的一切不是无暇他顾，就是对与学习无关的事物漠不关心。孩子在学校和家庭这两个封闭的环境中学习生活，面对的人和事物都比较单纯，对于社会的认知多来自书本和教师，以及父母的讲述，获取社会认知的渠道单一。因此，孩子认知社会难免片面和不客观。有些孩子由于成长环境较差以及父母的错误引导等，存在以自我为中心，心胸狭窄，心中没有他人、集体、社会。这些孩子的社会认知往往存在一定的偏见与错误。有些孩子没有主见，思想简单，往往是随波逐流，人云亦云，不能正确地认知社会。随着互联网的迅速发展，不断涌现的新媒体广泛传播信息，备受年轻人青睐。但是媒体平台上的内容良莠不齐，会对孩子的社会认知产生很大的影响。

二、社会认知能力的主要内容

在家庭教育中，父母或者主要照料儿童的人员往往更注重儿童自我认知的发展，而忽视儿童社会认知的发展。幼儿园教育则更全面，且更注重幼儿对人际关系、社会环境、社会规则和社会角色等的理解。社会认知是对社会性客体及其相互关系的认知，以及对这种认知与人的社会行为之间关系的理解和推断，即个人对他人的心理状态、行为动机和意向作出推测与判断的过程。因此，社会认知的内容由社会性客体及其相互关系所包括的内容决定的。在社会学中，社会性客体及其关系包括的内容有：人际关系、社会环境、社会角色、社会规范和社会群体事件。学前儿童的社会认知教育也应包含相应的内容。

（一）人际关系的认知

从我国国情出发，3~6岁的儿童对人际关系的认知应该包括对与父母长辈关系、与同伴关系、与周围人关系的认知。人际关系是人们在生产或生活活动过程中建立的一种社会关系，是人与人在交往过程中建立的心理上的直接联系。人一来到世上，便处于人际关系中。形成与成年人、与同伴良好的人际关系不是一件简单的事情。在进行人际交往前，儿童对于要交往的对象与自己的关系必须有所认识与理解。在这个前提下，儿童还要学习其中包含的社会规则，如与长辈交往时必须遵循的社会规范——尊重长辈。只有对人际关系有正确的认知，儿童的人际交往行为才会符合社会规范。因此，在学前期，帮助儿童建立正确的、与人际交往有关的社会认知显得尤为重要。对同伴关系的认知是人际关系认知中的重要内容。在同伴关系的影响下，儿童能很快地学习到相应的、符合社会文化要求的行为模式。通过与同伴的交往，儿童能了解自己在群体中扮演的角色，以及该角色承担的责任和享有的权益。

（二）社会环境的认知

学前儿童社会认知的另一个重要方面就是认识周围世界，主要包括对家庭、社区、幼儿园、家乡、民族和国家以及其他国家的认知。教师在设计教育活动时，应该遵循由近及远、从具体过渡到抽象概括的原则。具体来说，与幼儿年龄相对应，要从对身边环境的认知开始，首先是家庭、幼儿园，其次是社区、社区中的公共场所，最后是家乡。至于对国家、世界等概念的认知则要到学前后期才能进行。

（三）社会角色的认知

学前儿童社会领域的学习目的就是更好地促进人的社会化进程。社会化将一个自然人转化为一个适应社会文化、参与社会活动、履行社会角色的社会人。每个人都在自己所处的环境中扮演着多个社会角色，如母亲、女儿、幼儿园教师、家长、妻子等。特纳（J.Turner）曾经对社会角色、自我意识与社会化的关系做过这样的论述：在社会角色的互动中，行动者总是以一种能够加强自己已有自我概念的方式来表现自己。自我意识和人格的形成与发展、社会角色的获得既是社会化的目的，又是社会化的重要内容。也许要让学前儿童完全理解社会角色的含义并不现实，但是我们可以选取幼儿能够理解的相关内容，帮助他们积累相关经验。

在学前对儿童社会角色认知的教育可以从两方面进行：对自己和他人在不同的社会环境中扮演的不同角色，以及对社会上不同职业的人的认知。例如，警察是幼儿非常羡慕的职业，但是幼儿对于警察的认知并不全面，有的幼儿将警察定义为抓坏人的人，有的幼儿则认为有权罚款的人就是警察。因此，对于警察这个与日常生活密切联系的职业，家长有必要进行一番介绍，以便让幼儿正确认识警察在社会生活中扮演的角色。

（四）社会规则的认知

社会规则是每个社会成员都必须理解与遵守的规范，是个体社会行为选择及定向的工具。儿童是未来社会的主人，必须了解社会规则并养成遵守社会规则的行为习惯。因此，社会规则的认知是儿童社会性学习的重要内容。它具体包括：（1）基本道德规则（对是与非、对与错、爱和憎等道德问题的认知与判断）。（2）文明礼貌行为规则（个体自身的素质和修养，人际交往与言谈举止的礼仪与规则等）。（3）公共场所行为规则（公共卫生规则、公共交通规则、公共财产保护和爱惜规则等）。（4）群体活动的规则（学习、游戏和生活等群体活动应遵守的规则，如排队、轮流、等待、礼让等）。（5）安全规则（用以保护儿童安全的行为规则）。

三、家庭进行社会认知教育的措施

（一）给孩子"熟悉的环境、熟悉的人"

随着孩子年龄的增长，他们探索外部的机会越来越多，3~6岁孩子的主要活动就是游戏，我们要给孩子"熟悉的环境、熟悉的人"的生活化模拟场景。家长要带着孩子进入熟悉的生活模拟环境，参加社交活动，与自己的好友一起家庭聚会，如此等等。在这样的环境中，孩子逐渐认识到亲疏远近；认识到安全的人际关系的重要性；认识到即使在熟悉的环境中，只要有别人在，自己就不再是关注中心。孩子会通过种种表现，争取自己在群体中的位置，或是在孩子的群体中自得其乐，或是在所有人都在的群体中获得大家公认的价值观，而最保险的方式就是向表现好的、得到一致称赞的孩子学习，榜样的作用也就产生了。

（二）给孩子"陌生的环境、熟悉的人"

在孩子适应"熟悉的环境、熟悉的人"的生活化模拟场景后，家长可以带孩子进入"陌生的环境、熟悉的人"的生活化模拟场景。家长可以利用假期带孩子到陌生的环境度假。在这样的环境中，孩子开始会有不适感，但是有熟悉的人在身边，孩子的不适感会减弱，并逐渐意识到规则等都是一样的，只是地方变了，只作出做稍微地调整，顺应当地的风土人情，就会感到很愉快。在这样的生活化模拟场景中，孩子的自我意识会越来越强，开始了解自己的兴趣爱好、生活习性及性格特点，树立"每个孩子都是独一无二"的自尊和自信。

（三）给孩子"陌生的环境、陌生的人"

带孩子进入"陌生的环境、陌生的人"的生活化模拟场景。对适应能力较强的孩子，家长可以帮孩子报名参加一个短期的夏令营活动，最好是当天去当天回，让孩子完全独立于外界，回来后让他分享一天的活动感受。孩子会给自己的表现打分，知道自己该如何处理一些事情。当然，这些活动要以安全为条件，家长事先必须对活动组织者仔细考察、认真研究，才能把孩子独立地交给组织者。

所有这些生活化的模拟场景，都是简便易行的，家长坚持的原则就是让孩子将来离开父母后能更好地适应社会。如果家长能和孩子在幼儿园的表现相结合，经常和教师沟通，发现孩子的问题后及时解决，孩子就会成长得越来越好，为将来成为有用之才做准备。

第三章

家庭教育的理念及方法

第一节　家庭教育理念

一、新时代我国家庭教育的基本理念

　　思想是行动的先导，理念是成熟而系统的思想形态，是人们对于某一事物或现象的理性认识、理想追求及其形成的观念体系。教育是一项复杂的人类实践活动，需要科学的理念作为指导。教育理念是人们对于教育现象（活动）的理性认识、理想追求及其形成的教育思想观念和教育哲学观点，是教育主体在教育实践、思维活动及文化积淀和交流中形成的教育价值取向与追求，是一种具有相对稳定性、延续性、指向性的教育认识和理想的观念体系。作为新时代教育理念的重要组成部分，家庭教育理念是人们在追求理想的家庭教育过程中信奉的基本观念。

　　近年来，家庭教育越来越受到社会的高度关注。提炼和阐释新的历史时期家庭教育基本理念，是开展家庭教育研究、制定家庭教育政策法规、指导家庭教育实践、处理好家庭教育与学校教育、社会教育关系的关键所在。

（一）家庭为基
1. 理想的教育始于和谐的家庭

　　当下家庭教育领域流行这样一句话："家长好好学习，孩子天天向上。"意思是，要想教育好孩子，家长必须认真学习家庭教育的知识技能。固然，家长好好学习的确重要，但是家庭能否履行好教育职责，不仅在于家长是否掌握了教育的知识与方法，还在于婚姻与家庭的质量，以及和谐的家庭氛围。和谐稳定的家庭才是家庭教育的基础和保证，重视家庭教育首先从注重家庭建设开始。家庭是孩子健康成长最重要、最直接的"微系统",和谐美好的家庭不仅是人生幸福的基础,也是孩子受教育权的最大保障。现实中,许多孩子的问题本质上是家庭自身的问题。美国社会学家戈夫指出,家庭在青少年犯罪中扮演的关键角色是在对偏差、越轨行为研究中最瞩目和最经常重复的发现。有研究发现,有严重问题行为未成年人的家庭教育环境相对较差,普遍存在家庭关系紧张(主要指父母感情不和、经常争吵等)、父母教养方式粗暴、监护不力、亲子关系疏离等问题。

2. 注重家庭教育的前提是加强家庭建设

首先,高度重视家庭的自身价值。家庭作为一种社会存在,有着独特的社会价值和文化价值;重视家庭,就是要充分认识家庭的重要功能。

其次,充分保障家庭功能的完整性。家庭是一家人共同生活的组织,家庭具有经济、繁衍、文化与教育、休闲娱乐、情感、抚养与赡养等诸多功能,只有功能完备的家庭才能称为"和谐完美",也只有和谐完美的家庭氛围才能为孩子营造良好的成长空间。一方面,要大力增强家庭的整体功能。加强个体的家庭化与社会化同步,倡导社会将成家与立业视为同等重要地位。强化家庭的角色文化和身份意识,履行自身的角色义务,将个人身份和角色融入家庭,实现个体成员的社会化、个人化与家庭化同步发展。另一方面,要提升家庭的整体教育功能。教育是家庭的核心功能之一。

总体来说,教育成功与否是主客观因素共同作用的结果;要构建家庭教育的支持系统,不断改善家庭教育的外部条件和物质基础,不断提高父母的文化修养和教育能力。

3. 家庭建设的关键是培育优良的家风

注重家庭是中国传统文化的重要特征。家风是家文化的核心,是家庭的整体风貌,是父母或长辈长期崇尚、身体力行并用以约束子女后人的行为准则、思维方式和价值观念。

家风是家庭最重要的软实力,是最宝贵的教育资源库。党的十九大报告中提出,要"推动中华优秀传统文化创造性转化、创新性发展"。这句话同样适用于家风传承。一方面,要注重内容上的继承与创新。既要充分挖掘与传承中华民族历史上的优良家风文化,又要认真梳理和弘扬红色文化,用老一辈无产阶级革命家的治家风范影响后人,还要将社会主义核心价值观融入家庭生活的每个细节,创建民主、文明、和谐、稳定的家庭关系。另一方面,要注重形式上的继承与创新。既要利用好宗祠、家谱、家规、民谣、山歌、节庆、婚丧嫁娶仪式等传统家风的各种载体,也要与时代结合,利用互联网、家族群、宗亲会等形式将家风内容充分融入其中。

(二)做人为魂

1. 家庭教育的核心是教子女做人

"家庭是人生的第一所学校",但首要问题是"培养什么样的人"。现实中,许多家庭教育问题的根本是在"培养什么样的人"方面出现了偏差。北京师范大学课题组2018年的调查显示,96.2%的四年级学生和95.8%的八年级学生认为家长对自己的成绩期望至少是"班里中等",45.9%的四年级学生感受到家长对自己的成绩期望最高值为"班里前三名",42.7%的八年级学生感受到家长对自己的成绩期望最高值为"班里前十名"。另有调查发现,超过九成(93.4%)的城市家庭子女和近八成(78.4%)的农村家庭子女被家长期待"至少能上大学"。而对子女的期望过高易导致家长产生失败感和焦虑感。解决当下家庭教育问题的关键是将做人重塑为教育的第一使命,把培养儿童健全人格、优良品质、健康身体、全面发展作为家庭教育最根本的追求。

2. 充分发挥家庭在育人中的独特优势

一个人接受的家庭教育、学校教育和社会教育都会影响其身心发展,但是学校、家庭和社会教育的特点与优势各不相同,在分工上应有所侧重。

学校教育在传授科学文化知识和培养现代社会需要的专门人才方面具有很重要的作用。

社会教育主要是指除家庭和学校之外的多主体的社会教化和社会影响。

家庭教育的优势主要体现在三方面:其一,家庭教育作为儿童早期接受教育的主要形态,在身体、情感、认知、社会化等素质发展方面具有先入为主的优势；其二，家长具有情感优势，家长与子女是休戚相关的情感和利益共同体，家长对子女的成长具有不可替代的特殊影响力；其三，家庭教育的优势在于家庭生活，家长在生活的陪伴中择机而教、潜移默化，逐步让孩子学会做事与做人的规则，懂得自我约束，形成早期的行为习惯，打下良好的情感基础，并将规则意识逐步内化为价值观念。

3. 教子做人的关键是培养理想信念和价值品质

教育，说到底是学做人的过程。做人教育的关键就是要在学习、生活中逐步让孩子认识到一个人一生究竟要为谁而活、怎样活才有意义等，使孩子逐步形成正确的世界观、人生观和价值观。

现实中，许多人的问题不是在学习上出现的，而是在做人上出现的。境界低、格局小的人习惯将自己局限在狭小的空间里，对个人的功名利禄斤斤计较，看不清个人与社会、物质与精神、个人利益与民族大义的关系，这样的人既难取得大成就，也无法获得真正的幸福。

教孩子学做人，就是要让孩子自觉地将自己的梦想与时代的要求相结合，在实现中华民族伟大复兴的中国梦中实现自身价值。

教孩子学做人，立意要高，落点要低，需要家长从习惯养成开始，逐步将理想信念渗透其中，最终使孩子成为德智体美劳全面发展的社会主义建设者和接班人。

（三）生活为根

1. 家庭教育的根本特征是生活教育

与其他教育形态相比，家庭教育是将生活和教育紧密结合的教育形态。家庭教育的最大特征就是生活教育。"生活教育是生活原有，生活自营，生活必需的教育"，是在生活中、基于生活、为了生活的教育。我国是社会主义国家，教育必须与生产劳动相结合，必须与社会实践相结合，其实就是要与社会生活相结合。

理想信念、核心价值观、科学文化知识等做人做事的道理必须与生活结合起来，只有与生活结合起来，才能贯彻"落小、落实、落细"的原则，达到入耳、入脑、入心的教育效果。

融入生活，就是把抽象的"德"融入具体的事中，"事中成人""以事育德"，在应对各种事件中生成道德智慧。概言之，内化于心、外化于行，融入生活、学会做事，这是家庭做人教育的根本法则。

2. 改进家庭教育的着力点在于改善家庭生活

当下我国家庭教育呈现出高期待、高投入和高焦虑等"三高"现象，竞争性育儿方式渐成气候，表现为早教低龄化、智育倾向明显、跨阶层参与、高代价化特征，并伴随结构性的养育焦虑。如果从生活的角度来看，其问题的根源在于错误的教育目的导致教育偏离生活。许多家长打着"教育"的旗号，对孩子的时间进行了"精心"安排，使得孩子整日奔波于学校与各种课外班之间，忙于各种竞争性学习活动中。家长之所以如此，是因为忽视了学习与生活的密切联系，忽视了生活的重要育人价值。长期处在竞争性学习状态下的孩子，不仅会因为缺乏生活的滋养找不到明确的学习方向，也会因学习与生活实践的疏离而使自己无法成为一名真正的学习者，甚至由于学习上的挫败感而导致人格上的缺陷。改进家庭教育，需要将教育与生活更紧密地结合起来，让教育成就美好生活，让美好生活滋养教育。

3. 以生命成长逻辑设计美好教育生活

如果说学校教育的关键是设计适合学生的课程，那么家庭教育的核心就是构建适合孩子成长的美好生活。

首先，丰富多彩的生活要有儿童的视角，不能让成人生活代替儿童生活，不能让学习生活代替一切生活。陶行知曾说："我们主张生活即教育，是要儿童的生活才是儿童的教育，要从成人的残酷里把儿童解放出来。"2021年，国家颁布"双减"政策，目的是让教育回归本真，家庭教育的本真就是要回归生活，在丰富多彩的生活中让孩子得到滋养。

其次，生活具有教育性是指好的生活具有正向的教育价值。好的生活是认识和成就生命意义的过程，家长应该帮助孩子学会处理日常生活与学习的关系，在时间安排上既要保证学习也要学会闲暇，既要会学也要会用，既要认识书本也要改造社会，真正做到"教、学、做合一"。

最后,要处理好自主生活与他主生活的关系。美好的生活是每个人的追求。家庭教育的最终目的在于培养能够创设理想生活的主人,其要义是通过生活学会更好地生活。生活教育的过程遵循着先他主再自主的过程。儿童早期的主体性处于起步阶段,需要在父母家人的照顾、抚养中接受教育,儿童生活是在成人"替代"设计下开展的。但是,"替代"设计不是目的,真正的目的是儿童的"自主",这是教育的辩证法。随着儿童主体意识的增强,家长需要果断地放手,最终促使儿童变成具有合理生活目标、生活能力和生活智慧的人。

(四)儿童为本

1. 儿童为本是新时代的儿童观

家长如何正确看待儿童是开展家庭教育的前提,直接影响亲子关系、教育观念和教育实践。2013年5月29日,以一个"大朋友"的名义和少年儿童在一起,其实就是对新时代儿童观的形象比喻,新时代儿童观包括以下基本立场:其一,儿童就是儿童,不是"小大人",有其独特的世界。其二,要走进儿童世界,学会从儿童的立场来理解儿童。其三,引领儿童发展需要用科学的方法,既要重视儿童的主体地位,又要重视家长的主导地位,既要充分尊重信任,也要严格要求,将儿童的"天性""个性""社会性"高度地统一起来,"倡导保护天性、尊重个性、培养社会性,让教育真正在符合儿童身心发展规律的基础上促进儿童的发展"。

2. 尊重和保护儿童权利是家庭教育的起点

儿童有生命权、健康权,有获得必要生活保障的权利,有接受各种保护、免于伤害、不受歧视、不受虐待、获得尊重的权利,有充分发展其全部体能与心智、实现自身生命价值和社会价值的权利,有参与家庭、学校和社会生活并就影响其权益发表意见的权利。

家庭是实现和保障儿童权益的第一责任主体,父母要有保护儿童的意识和能力,防止各种可能给儿童带来的伤害。然而,在现实生活中,有可能给儿童带来的伤害很多,家长和社会在当下尤其要高度关注三种类型的伤害。

一是网络世界的伤害。当下的未成年人是网络时代的原住民,但网络世界复杂,潜藏着许多可能的伤害,家长既要引导孩子学会利用网络资源又要学会自我保护。

二是校园欺凌带来的伤害。当前,未成年人校园欺凌现象频发,未成年人既是被保护的对象,又可能是伤害的源头,如何预防未成年人之间的伤害不仅考验着学校和社会,也考验着家长。

三是来自家庭自身的伤害。现实中家庭侵害儿童事件高发,许多父母怀着美好的愿望,打着"爱"的旗号,做出了伤害儿童的事情。提升家长家庭教育的意识和能力,按照符合儿童发展的规律教育子女尤其重要。

3. 促进儿童全面发展

保护和实现儿童权益的过程其实就是促进儿童发展的过程,树立以儿童为本的理念从根本上说就是要树立以儿童发展为本的理念,坚持辩证地看待儿童发展观念。一方面,应将儿童发展利益置于优先位置。以儿童发展为本,需要遵循"儿童优先""儿童利益最大化"原则,将儿童发展利益置于家庭生活和社会的优先位置。当然,"儿童利益最大化"并不意味着家庭其他成员利益的最小化,更不能伤害其他家庭成员的利益,尤其不能伤害老年人的利益。有调查显示,51.6%的家长表示存在"关注孩子有余,孝敬老人不足"的现象。这种现象的存在,不仅意味着老人的利益受影响,也不利于儿童的成长。另一方面,要坚持全面发展的基本方向。新时期教育大纲把坚持促进儿童全面发展作为基本原则,强调要尊重儿童的人格尊严,遵循儿童身心发展特点和规律,保障儿童身心健康,促进儿童在德智体美劳各方面实现全面发展。

针对儿童身心健康需要长期关注的问题和新情况,新时期教育大纲在"儿童与健康"领域就降低儿童死亡率、提高健康素养和儿童体质、改善儿童健康服务公平性可及性,聚焦儿童健康服务体系、出生缺陷防治、营养和超重肥胖、近视、龋齿、体质健康、心理健康等重点问题提出目标,并制定相应措施。新增"儿童与安全"领域,全面回应儿童安全面临的新情况新问题,从降低儿童溺水、道路交通伤害等导致的死亡,保障儿童食品用品安全,预防和制止针对儿童的暴力,防治学生欺凌和沉迷网络,完善伤害防控工作体制机制等方面提出目标任务和策略措施。

在"儿童与教育"领域,新时期教育大纲明确提出要"实施素质教育,完善德智体美劳全面发展的教育体系"。在继续强调提高学生思想道德素质和提升学生智育水平的基础上,更加突出强调体育、美育和劳动教育的内容,明确提出要"坚持健康第一,深化体教融合,帮助学生磨炼坚强意志、锻炼强健体魄""改进美育教学,提升学生审美和人文素养"和"加强劳动教育,引导学生树立正确的劳动观,形成良好劳动习惯,培养勤俭、奋斗、创新、奉献的劳动精神"。

(五)家长(父母)主体

1. 家长是教育子女的第一责任人

"家庭是人生的第一所学校""父母是孩子的第一任教师",相关论述不仅指出了家庭教育的优先顺序,更指明了家长处于教育第一责任人的地位。家长要充分意识到,无论孩子处于哪个发展阶段,就读于哪所学校,自己都是教育和管理孩子的第一责任人,决不能借故把教育的全部责任推给社会和学校,或将教育的责任转嫁给家庭或社会的其他成员。家长要充分意识到,自己是孩子入学前最重要的教育者,早期的家庭教育奠定了学校教育和社会教育的基础。尽管学校是育人的主渠道,但严格来说,学校教育接受的是家庭教育的"半成品",家庭塑造了孩子的原初模样,家长在孩子入学之前就已经给孩子打上了人生的底色。家长要充分意识到,学校教育的效果需要家庭配合才能得到落实,自己是孩子成长的终身"教师",在孩子成长的不同阶段扮演着不同的角色。

2. 父母是教育子女的法定主体

父母是孩子的法定监护人,教育子女是其天经地义的责任,该思想体现在我国一系列法律法规中。《中华人民共和国宪法》第四十九条第三款规定:"父母有抚养教育未成年子女的义务。"2020年颁布的《中华人民共和国民法典》第一千零五十八条规定:"夫妻双方平等享有对未成年子女抚养、教育和保护的权利，共同承担对未成年子女抚养、教育和保护的义务。"《中华人民共和国教育法》第五十条第一、第二款规定："未成年人的父母或其他监护人应当为其未成年子女或其他被监护人受教育提供必要的条件。未成年人的父母或者其他监护人应当配合学校及其他教育机构，对其未成年子女或其他被监护人进行教育。"《中华人民共和国未成年人保护法》第十五条第一款规定："未成年人的父母或者其他监护人应当学习家庭教育知识，接受家庭教育指导，创造良好、和睦、文明的家庭环境。"2021年10月颁布的《中华人民共和国家庭教育促进法》第十四条第一款规定："父母或者其他监护人应当树立家庭是第一个课堂、家长是第一任教师的责任意识，承担对未成年人实施家庭教育的主体责任。"此外，家长在教育中的法定主体责任在教育部、全国妇联等部门制定的规章以及地方立法中都有充分体现。

3. 提高家长角色胜任能力

家长需要加强自身学习，树立与孩子一起成长的意识，不断提高角色胜任能力。面对越来越复杂的教育环境，对于一个没有受过系统教育的家长来说，单靠简单的教育经验难以胜任家长的角色。要想成为一个有教育能力的家长，不仅要不断丰富自身人文和科学素养，还要学习必要的家庭教育知识与技能，掌握家庭教育的基本规律和基本方法，更要明确自我角色意识，完善自身的人格特质，不断调试教育动机。履行好教育主体责任，需要家长学会读懂孩子，把握其心理发展规律，学会因材施教；需要家长学会理解孩子行为与自身之间的关系，学会反思自己教育行为的正当性和科学性，善于从自身找原因，不断改进方法策略，能够运用正确的方法和自身的人格魅力影响子女；需要家长树立与孩子一起成长的理念，端正教育态度，保持合理期待，让孩子在良好的亲子关系和家庭氛围中健康成长；需要家长处理好各种教育关系，整合教育资源，为子女健康成长营造良好的环境。

（六）协同育人

1. 家庭教育是国民教育体系的重要构成

家庭教育关系祖国的未来和民族的希望。因此，应该将家庭教育纳入国民教育体系，形成学校、家庭、社会协同育人的格局。2019年6月，《中共中央国务院印发关于深化教育教学改革全面提高义务教育质量的意见》要求加强社区家长学校、家庭教育指导服务站点建设，为家长提供公益性家庭教育指导服务；2021年通过的《中华人民共和国国民经济和社会发展第十四个五年规划和2035年远景目标纲要》提出，要构建覆盖城乡的家庭教育指导服务体系，健全学校家庭社会协同育人机制。《中华人民共和国家庭教育促进法》明确规定国家和社会为家庭教育提供指导、支持和服务，各级人民政府指导家庭教育工作，建立健全家庭、学校、社会协同育人机制。构建家庭教育指导服务体系，健全协同育人机制，应建立健全政府指导、教育，妇联等部门负责，社会广泛参与的管理体制和工作机制，坚持目标一致、资源共享、优势互补、全面覆盖、科学指导等基本原则，大力提升家长教育能力，形成家庭、学校、社会和谐共生的育人生态。

2. 引导家长学会处理与学校教育的关系

家校关系是教育工作中最重要的关系。处理好家校关系，与学校形成育人合力，是家长的必修课。

一方面，家长要为孩子打好人生底色。在儿童入学之前，家庭教育是教育的主渠道，是习惯养成和情感发育的重要时期，家长要为孩子顺利适应学校教育创造条件。

另一方面，家长要当好学校的合作者。在孩子入学后，学校教育逐渐代替家庭教育成为主渠道，家长要学会当好一名合作者，配合学校完成素质教育的各项任务。首先，家长要尊重和信任学校、教师，不能随意挑剔、苛责学校和教师。其次，家长要充分读懂并认同学校和教师。学校和教师传授人类最重要、最基本的知识技能和主流的价值观念，培养全面发展的公民，家长要理解和认同学校的办学理念，尊重教师的教育风格，履行自己应承担的责任。再次，家长要学会与学校沟通。家校之间要保持沟通交流，学会解决两者的分歧和矛盾。一旦遇到教育中的问题，家长就要全面了解情况，合理表达自己的意见，尽可能达成共识，寻找最佳的解决途径。最后，家长要学会参与学校活动。家长要学会利用家长委员会等渠道，积极参与学校管理、

课程与教学活动，形成家校合力。

3. 指导家长学会利用社会教育资源

搞好教育需要树立大教育观，需要整合各种教育资源。整个社会就是一个大的教育资源库，潜移默化地影响着每一个人。社会教育大致可以分为三大类。一是兼具青少年教育功能的机构，如各种媒介、博物馆、图书馆、科技馆、文化馆等。二是专门的青少年教育机构，如青少年宫、儿童中心等。上述两类大体是以培养学生综合素质为目的、公益性（或准公益性）的教育服务机构，家长应与子女共同参与各项活动，充分利用这些社会教育资源。三是校外补习和教育培训系统。家长要学会做一个合理的教育消费者和资源利用者，尊重儿童身心发展特点、教育基本规律，以及儿童的意愿，合理适度地利用各种校外教育资源，让社会教育成为学校和家庭教育的有益补充，决不能让各种教育培训代替和干扰家庭教育与学校教育。

总而言之，做人为魂、生活为根、儿童为本、家长主体分别回答了家庭教育中的教育目标、教育内容与途径、教育主体与客体关系，属于家庭教育的内部关系问题；家庭为基、协同育人则注重家庭教育的外部关系，二者结合起来即构成了新时代我国家庭教育的基本理念。

二、科学家庭教育理念

"家庭是人生的第一所学校""父母是孩子的第一任教师"，家庭环境的好坏不仅影响孩子的启蒙阶段，还关系孩子的一生。良好的家庭教育是孩子在学校以及社会接受良好教育的基础。单纯地依赖学校教师的培养，忽视父母对孩子的重要影响，无疑会使孩子的家庭教育缺失；而错误的家庭教育理念会使孩子走上人生歧途。因此，树立科学的家庭教育理念是每个家庭义不容辞的责任。

（一）当前社会家庭教育的现状

1. 家庭教育的缺失

随着社会进步、科技发展，学校教学功能日趋完善。而经济社会带来的生存压力，驱使诸多家长重视工作，忽视了孩子。许多家长开始把培养孩子的责任全权交给学校。许多孩子留守在老家，同思想陈旧的老人生活在一起；还有许多孩子同保姆一起生活，家庭教育缺失情况日趋严重。

2. 家庭教育理念的混乱

当今社会，95%的年轻父母没有接受过专业化家庭教育学习，他们获得的家庭教育理念无非来自自己的父母、网络、书籍。当然，这些渠道获得的家庭教育理念也包含着丰富的生活经验以及许多值得提倡的做法，但有些方法会误导年轻的家长，进而影响孩子的一生。社会上还有许多拿幼儿家庭教育当幌子的商人、假学者，将年轻家长对家庭教育理念的茫然当作赚钱的工具。

（二）科学家庭教育理念

社会上有多少家庭就有多少环境。比如，商人家庭、医药世家、学者家庭、农民家庭等。一个科学的家庭教育理念与父母的身份或者社会地位无关，更与家庭财富无关。科学家庭教育理念是家庭教育的核心指导思想，是家庭教育中推动孩子正向发展的中坚力量。它可以规避传统中错误的家庭教育方式给孩子带来的伤害，有助于孩子健康成长。

年轻家长有必要树立起科学家庭教育理念，其是家长"望子成龙""望女成凤"最有力的支撑。科学家庭教育理念对于家庭教育有诸多好处：首先，科学家庭教育理念指导家长的教育方式，使家长明确自己的教育目标，厘清家庭教育的头绪。其次，科学家庭教育理念摒弃了传统的错误观点，有益于孩子的教育及成长，拉近孩子与父母的距离，促进家庭和谐。最后，家庭教育是学校教育的基石，科学家庭教育理念有助于学校教师与家长的交流，共同帮助孩子健康成长。

（三）如何树立科学家庭教育理念

1. 科学看待儿童，尊重孩子人格

每个儿童都是一个独立的个体，他们有自己的思想、自己的个性。作为家长不能单一地以自己的意志作为评价标准来评判孩子。要树立科学的家庭教育理念，首先要对儿童有科学的认识。儿童与家长都是家庭的一分子，具有平等的地位，要科学看待儿童，遵循儿童的成长规律。家长应该与孩子站在平等的地位上相互交流，不要将孩子看作父母的附属品，尊重孩子的人格。在家庭教育中应该尊重孩子的意见，以孩子的意见为参考，互相监督、互相督促，营造科学民主的家庭氛围。

2. 提升自身素质，树立科学观念

俗语有言："孩子是家长的影子。"一个家庭的教育围绕着孩子的一生，影响孩子的行为与性格。要树立科学的家庭教育理念，父母自身的素养是十分重要的。儿童正处于学习能力强，喜欢模仿大人的时期，所谓的"有样学样"正是这个年纪的孩子最明显的特征。有些家长在家庭中任意妄为，随意打骂孩子，或者放任不管，在这样的家庭中成长的孩子，最后大多是问题儿童。有些家长则遵循孩子的成长规律，在家庭中严于律己，以身作则，最后成长起来的孩子也会同家长一样品行优秀。因此，提升自身的素质是树立科学家庭教育理念的关键。在家庭中，作为父母，要懂得以身作则，要通过不断的学习充实自己，以深思熟虑的教育方式培养孩子。

3. 关注心理健康，科学分析问题

儿童心理学成为当前社会一个热门的学科，这与当下儿童的心理问题频出脱不了干系。为什么社会上会出现越来越多的问题儿童？打不得、骂不得的孩子如何进行教育？这些成为当前社会的热点问题。归根结底，还是儿童心理健康的缺失，问题儿童背后一定有着问题家长，出了问题，不要一味地在孩子身上找原因，许多问题的根源其实都在家长身上。家长的任意责骂与推诿责任，都会为孩子的心理健康蒙上阴影，儿童心理健康缺失的罪魁祸首往往是家庭教育问题，而许多家长却不自知。在家庭教育中，只有尊重孩子人格，关注孩子心理健康，及时发现问题，科学分析问题，敢于承认自身错误，才能为孩子营造一个健康积极的家庭成长环境。

4. 全面发展教育，与孩子共同成长

家庭教育对孩子的人生走向起着指导作用。对孩子而言，全面发展是更好地适应社会、接受更多技能的前提。在学校的教育过程中，从幼儿园时期开始，教师就朝着全面发展的方向努力。因此，家庭教育理念成为影响孩子全面发展的关键。儿童的成长过程有其自身的规律，每个儿童都有其自身的个性存在，不能因为家长的个人偏好而为孩子指定未来走向。家长应该尊重孩子的意见，为孩子选择适合、感兴趣的成长目标，并引导孩子全面发展，在孩子的学习过程中不断充实自己，同孩子一起成长。

综上所述，科学的家庭教育理念是家庭教育的基石，是幼儿园与家长携手共同引导孩子健康正向发展的指路明灯。在儿童成长的过程中，一个有着科学家庭教育理念的家庭，会对孩子一生产生极大影响。作为家长，应该积极探索如何树立科学家庭教育理念，完善自身教育方式，引导孩子健康快乐成长。

三、我国家庭教育理念的转变

时代的变化、社会的发展使得人们的观念在不断地变化和发展，我国家庭教育理念也随之发生了变化，越来越多的人意识到传统家庭教育理念的缺陷和不足，新的家庭教育理念得到了广泛关注和重视。家庭是孩子重要的成长空间，对孩子的成长以及日后的发展都具有深远影响，而家庭教育则是孩子日后教育的基础，是无法被学校教育替代的。如今，传统的家庭教育理念存在各种问题，导致教育效果和教育质量低下。因此，科学、现代的家庭教育理念已经逐步渗透我国家庭教育，实现我国家庭教育理念的转变迫在眉睫。

（一）教育理念：从支配控制向自由多元转变

中国传统家庭教育理念体现出了对子女的支配控制，父母之命成为中国传统家庭教育理念的核心和本质，这种家庭教育理念抹杀和遏制了孩子的个性，导致孩子的个性得不到自由发展，最终沦为平庸之辈。

中国古代有很多关于家庭教育的著述，如《颜氏家训》《太公家教》《家范》等，这些家庭教育著述对我国传统家庭教育产生了深远影响。一方面为传统家庭教育提供了有利的参考依据；另一方面其所提倡的重知识轻实践、重模仿轻创新等教育理念阻碍了孩子主体意识的觉醒和发展，使我国传统家庭教育存在诸多缺陷。另外，中国传统家庭教育理念过于重视集体的价值，孩子的个人价值就是完成家族使命以及光宗耀祖，导致孩子的主体意识一直受到集体价值观念的支配和控制，个人价值得不到独立地实现和发展。

我国现代家庭教育理念应以孩子的自由多元化发展为主。家长在对孩子进行教育的过程中，要善于培养孩子独立自主的意识和能力，采取有效的教育手段促进孩子个性的发展和完善，从而培养出社会所需的、具备一定独立人格的人才。因此，现代家庭教育理念应该注重孩子的个性发展，积极有效地发挥孩子的独立自主性，弱化社会、家庭等集体理念对孩子价值观念的支配和约束，推动孩子的个人本位理念得到自由多元化的发展，从而促进孩子个体创造能力的形成和完善，实现孩子个人价值的独立和自由。因此，现代家庭教育理念应该实现从支配控制到自由多元化的转变。

（二）教育方式：从高度权威走向民主平等

我国传统家庭教育方式以权威性的体罚为主，责骂、体罚孩子成为理所当然的教育方式，孩子不能对父母的体罚产生任何抵抗和不满，只能在高度权威下的教育方式中孝顺自己的父母。

北齐文学家颜之推认为，普通家庭在教育孩子的过程中，只进行口头训斥而不采取权威性的肉体惩罚是不合适的，那样只会让孩子堕入犯罪的深渊。由此可以看出，我国传统的家庭教育为了实现教育孩子的目标，主要采取训斥、鞭笞等体罚性的教育方式，这种教育方式仅仅意识到了父母在家庭教育中的单向权威作用，而没有意识到孩子也是平等独立的个体，使孩子的主体性得不到充分重视和发挥。

虽然我国传统家庭教育提倡对孩子采取严慈结合的教育方式，但是对这种严慈结合的教育方式并没有进行过多的阐述，教育方式仍然停留在严厉的体罚层面。体罚的教育方式体现出了父母的权威地位，子女不具有独立的人格和地位，进而导致孩子的独立思考能力低下，无法成为有用的人才。

现代社会倡导的是民主、平等和尊重。家庭教育中更应该注重对孩子采取民主平等的教育方式，孩子与父母的人格、地位等是相互平等的，理应得到父母的尊重。民主平等的教育方式不仅能够有效地增强父母的威望和权威，也能推动现代家庭教育的发展和进步。在现代家庭教育中，父母的权威并不是传统意义上的绝对性权威，而是建立在相互平等、相互尊重基础上的权威，这样才能实现对孩子的主动性教育。

（三）教育内容：从注重理论向实践理论并举

我国传统家庭教育的主要目的是培养仁爱和正义的君子，从而实现治国、平天下的宏图壮志。因此，我国传统家庭教育的内容主要是纲常伦理、勤俭谦虚、仁义正直、孝顺爱国等。小农经济在我国封建社会占据着主导地位，读书出仕成为当时家庭教育的目标，只要具有一定的仁义礼智信等高尚品格，就可以成功进入官场，实现为国家、为天下效力的理想。以纲常伦理为主的家庭教育内容过于重视理论教育，导致孩子丧失了学习的自主性和自觉性，无法对事物以及周围环境进行主动地了解和改造，进而影响了孩子的教育效果和质量。因此，过于重视理论的死读书严重抑制了孩子实践能动性的发展。

现代家庭教育内容应该注重向实践理论并举的方向转变，在向孩子讲授必要的理论知识的同时，更要培养孩子的实践能动性，促进孩子创新意识和实践能力的提高，杜绝以考试成绩来衡量孩子的个人价值。实际上，玩耍是孩子的天性，现代家庭教育不应该通过限制孩子的玩耍来实现孩子教育的目标，应该对孩子的玩耍进行适当的引导，以此激发孩子的创新灵感，进而充分发挥孩子的实践能动性，最终提高孩子的动手能力和思考能力，将孩子培养成实践与理论兼具的优秀人才。

（四）教育价值观：从手段到目的

我国传统家庭教育将读书当作进入官场的主要手段和工具，认为教育的目标就在于培养仁义君子和光宗耀祖，孩子承担着复兴家族、平天下的伟大使命，这种"工具论"的教育价值观念主要是以国家、社会和家庭为核心，而没有意识到受教育者自身的教育需求，从而导致家庭教育的目的出现了一定的偏差。教育是依赖人的生命而存在和发展的，个体生命的发展应该是家庭教育的目的，但是纵观我国传统教育的价值理念，可以看出教育是推动社会、国家进步的重要手段和工具，同时个体能够凭借家庭教育过上美满幸福的生活。人们在审视教育价值观的时候，是站在社会需求的角度来看待家庭教育的。因此，家庭教育被当作培养社会人才的主要手段。现代家庭教育应该打破教育"工具论"的价值观，教育不能仅仅成为国家、社会、家庭发展的手段和工具，而应该站在受教育者自身个性发展的角度来看待和评价教育，树立正确的现代教育价值观，重视个体的教育需求，将人置于主体、目的的地位，从而促进个体的全面发展，实现现代家庭教育的回归。因此，现代家庭教育观应该打破教育"工具论"的理念，将孩子的教育看作家庭教育的目的。

  综上所述，虽然传统家庭教育理念为现代家庭教育提供了有利的理论依据和文化根源，在中国教育领域中具有重要的意义和价值，但是，由于传统家庭教育理念存在不足和缺陷，使得传统家庭教育理念面临着现代社会的挑战和冲击，只有实现传统家庭教育理念向现代家庭教育理念转变，才能获得良好的家庭教育，为孩子的个性化发展创造良好的家庭氛围，充分发挥家庭教育在孩子成长过程中的作用和价值。

第二节 环境熏陶法

一、环境熏陶法的含义

孩子的健康成长,离不开环境的熏陶。环境熏陶法是指在家庭教育中,家长营造和谐的家庭生活环境,通过家庭各种情境的教育因素,使孩子耳濡目染、潜移默化,使孩子的思想行为因长期接触家庭中的人和事物而受到好的影响,以培养孩子良好的道德品质和行为习惯的方法。许多教育家都很重视这种方法在孩子成长中的作用。朱庆澜先生把家庭的生活环境比喻为"家庭的气象",认为"家庭的气象教育"十分重要。他指出"气象就是这个样子,家里是个什么样子,小孩子一定变成那个样子。家庭气象,好比立个木头,小孩子好比木头的影子。木头是直的,影子一定直;木头是弯的,影子一定曲"。他强调全家人要形成一个"好样子",让小孩子学好。陈鹤琴先生也指出,"小孩子生来大概都是好的。到了后来,或者是好,或者变坏,这是环境的关系。环境好,小孩子就容易变好;环境坏,小孩子就容易变坏"。他要求父母给孩子提供良好的环境,把孩子培养成才。

二、环境熏陶法的内容

1. 组织好的家庭生活

美国教育家多萝茜·洛·诺尔特认为,"孩子们从生活中学习"。她指出:"如果一个孩子生活在批评之中,他就学会了谴责。如果一个孩子生活在敌意之中,他就学会了争斗。如果一个孩子生活在恐惧之中,他就学会了忧虑。如果一个孩子生活在怜悯之中,他就学会了自责。如果一个孩子生活在讽刺之中，他就学会了害羞。如果一个孩子生活在妒嫉之中，他就学会了妒嫉。如果一个孩子生活在耻辱之中，他就学会了负罪感。如果一个孩子生活在鼓励之中，他就学会了自信。如果一个孩子生活在忍耐之中，他就学会了耐心。如果一个孩子生活在表扬之中，他就学会了感激。如果一个孩子生活在接受之中，他就学会了爱。如果一个孩子生活在认可之中，他就学会了自爱。如果一个孩子生活在承认之中，他就学会了要有一个目标。如果一个孩子生活在分享之中，他就学会了慷慨。如果一个孩子生活在诚实和正直之中，他就学会了什么是真理和公正。如果一个孩子生活在安全之中，他就学会了相信自己和周围的人。如果一个孩子生活在友爱之中，他就学会了认为这世界是美好的地方。如果一个孩子生活在真诚之中，他就会了头脑平静地生活。"可见，家长要组织好家庭生活，使孩子生活在理想的环境中，把孩子培养成为自己所期望的人。

2. 建立融洽的家庭关系

家庭成员之间要构建和谐的人际关系，尤其是父母之间要相敬如宾，相亲相爱，以形成教育孩子最重要的精神力量。联合国《儿童权利公约》指出："为了充分而和谐地发展个性，应让儿童在家庭环境里，在幸福、友爱和谅解的氛围中成长。"1999年，美国一些研究人员对1021名1～3岁发育迟缓的儿童进行家庭情况分析以后，发现有一半以上（621名）患儿在哺乳期内，父母争吵闹离婚，母亲情绪不佳，身体经常分泌有害物质，并通过乳汁进入婴儿体内，使婴儿各个脏器、神经等系统受到不同程度的毒害，免疫功能下降，导致发育迟缓落后。因此，为了使孩子长得既结实又聪明，父母要相敬如宾，用正面的情绪影响孩子，给孩子营造出良好的身心发展的空间。

三、环境熏陶法的作用

马克思、恩格斯曾经说过："人创造环境，同样环境也创造人。"环境对人的影响作用是巨大的，尤其是家庭环境。我们常常说的"书香门第""梨园世家"，指的就是受家庭熏陶而成才的典范。家庭环境的范围非常广泛，主要由家庭硬件要素（物质设施等）及家庭软件要素（家庭文化、家庭氛围等）组成。

家庭环境对一个人的成长影响巨大，一项科学研究充分说明了这一点。科学界精英朱克曼曾经研究了1901—1972年美国培养出来的71名诺贝尔奖获得者的家庭出身，得出结论：不管是遗传的还是社会的原因，诺贝尔奖获得者的社会出身仍然高度集中于那些能够给子女提供良好的开端，以便获得为制度所承认的机会的家庭；专业人员的家庭提供了教育和社会的联合优势。可见，良好的家庭环境，如父母的勤劳、对文化知识的尊重、与成功学者的长期接触、家庭中的宽松平等、高雅的审美情趣、对事业的执着精神等因素，都在潜移默化地熏陶着孩子，对他们的成长起了很重要的作用，甚至造就他们杰出的一生。

四、环境熏陶法的实施策略

家长要注重家庭生活环境的熏陶，有意识地为孩子创造一个和谐、良好、优美的家庭生活环境，使孩子置身其中，在日常生活中接受影响。家长为孩子创设良好的家庭环境需从硬件要素和软件要素两方面入手。

（一）家庭环境硬件要素建设

家庭环境硬件要素为孩子后天的身心发展提供条件。良好的家庭环境硬件要素建设应该包括以下两点。

1. 重视创设整洁有序、时有变化的硬件环境

随着生活水平的提高，不少家庭的居住条件得以改善。有的家庭迁入新居，装潢考究，各种摆设精美高档，电器产品应有尽有，但是忽略了孩子成长发展的需要。因此，环境布置除基本家具、炊具、电器等，还应从有益于孩子的教育着眼，应从儿童的角度出发，准备孩子必需的生活用品、学习用品、兴趣爱好拓展品，如音乐、体育、绘画等学习用具和材料等。家庭陈设要清洁整齐，有条不紊，美化效果好，有序并做到时有变化。家庭成员衣着要整洁大方，谈吐要文雅……这些都会使孩子感到舒适、愉快、温馨，他们在整洁、清新、方便的环境中，会逐渐形成爱清洁、爱劳动、做事有条理等良好的习惯。

2. 重视创设属于儿童自己的小天地

现在的独生子女大都住在独门独户的房屋中，许多家庭的孩子相互很少往来。孩子在家不是大人陪着，就是一个人孤独地玩，这样不利于孩子的整体发展。家长应给孩子设立一个属于他们自己的小天地，供孩子放置玩具、一些半成品玩具材料，也可以饲养一些小动物，墙壁上最好有可供孩子涂鸦的小黑板，给孩子更多的自由活动时间和空间，让孩子在自由、平等、宽松的环境里，凭自己的兴趣选择活动内容，积极愉快地学习，自由地表达自己的心愿和体会。同时，也可以邀请小伙伴共享愉快时光，孩子在与小伙伴一起玩的过程中，不仅能锻炼和发展口语表达能力，丰富知识和求知欲，培养对同伴的爱心，而且在拼拆玩具的过程中能提高其动手能力，改变其原有的任性、暴躁性格。

（二）家庭环境软件要素建设

家庭对于家庭成员不仅是一个生活场所和文化实体，而且是心理情感的归宿。每个家庭成员，在心理情感上都会对家庭产生不同程度的依赖性，而且这种依赖性很有可能是终身的。这种心理情感氛围的营造就属于家庭环境软件要素建设，具体包括家长的道德情操、文化修养、实际技能、兴趣爱好和生活习惯等。从某种意义上说，家庭环境软件要素建设对孩子的成长比家庭环境硬件要素建设更重要、更深远。家庭是孩子的避风港，家长保护着涉世未深的孩子。作为家长，准确把握社会对角色行为的期望，注重心理情感氛围、文化氛围等创设，是教育好子女的先决条件。这些无形的影响使孩子自觉或不自觉地成为反映父母形象的镜子，孩子也在最初形成的思想品质、性格情感等方面直接受到父母的影响。家长之间、家长与孩子之间、邻里之间、小伙伴之间和谐美好、团结上进、仁爱大度的人际关系也是形成良好精神环境的重要因素。

美国的一位心理学家曾对4000名儿童做了调查，结果表明：生活在有笑声的家庭中的孩子，智商都比父母不和家庭中的孩子要高。此外，美国的一个研究中心对61名儿童进行了长期的追踪研究，从婴儿时期一直观察到18岁，结果发现：有20名生长在情感气氛极差的家庭中的儿童，不仅其智力落后于其他儿童，个子也明显矮于其他儿童。此外，研究者还发现：10多名智力严重低下的孩子，大都来自心理环境不良的家庭，有的父母分居或离异，有的父母正在婚姻上闹纠纷，有的家庭成员之间长期不和睦。

在家庭教育指导工作中，家长应该明了家长既是孩子的导师，又是孩子的朋友。孩子年龄小，易受环境的影响，可塑性大，家长应有目的、有意识地和孩子交朋友，以平等的身份走入孩子的内心世界，了解孩子的内心需求，尊重孩子的合理要求。家长在家庭中进行一些富有情趣的娱乐活动，这样既能促进与孩子的情感交流，又能使彼此产生共同语言。在愉快的活动中，孩子不仅易于接受家长的教育，也易于使孩子体验到安全感和信任感，还有助于孩子形成朝气蓬勃、活泼开朗的良好个性。

总之，家长要为孩子营造良好的心理环境，即着手为孩子营造民主教养的教育氛围，营造宁静和谐的情感氛围，营造向上的文化氛围，营造勤奋好学的学习氛围，使孩子在良好的家庭环境氛围中拥有安全感和幸福感，乐于和家人生活在一起，愿意为家庭承担一定的义务和责任，彼此互相关心、爱护、理解和尊重。

第三节　评价法

评价法是依据一定的要求或标准，对孩子的思想和行为给以肯定或否定的方法。它在家庭教育中有着非常重要的地位和作用。

第一，赞许。赞许是对孩子良好的品德和行为的赞同和称赞。赞同是肯定，称赞是好评，但都是一种不太正规的好评方式。赞许可以用口头或评语表示，也可以用点头或微笑等动作表情表示。

第二，表扬。表扬是对孩子良好品德和行为的好评，是比较正式进行的。表扬有口头表扬和书面表扬两种。在家庭中常用的是口头表扬，家长不在孩子身旁也可以写信用书面表扬的形式。表扬可以当面表扬，也可以背地里表扬，通过第三者传到孩子耳朵里。可以个别表扬，也可以当众表扬，如在全家面前，在亲朋好友面前，在孩子的同学、小朋友面前表扬。一般来说，当众表扬效果更好。

第三，奖赏。奖赏是对孩子较为突出的优良品德和行为的奖励。奖赏的办法有颁发奖状（对幼儿给以家长自制的奖状、小红花等）、授予奖品，以及颁发纪念品。奖品是物质奖励，可以满足孩子的物质需求。奖状或纪念品主要是满足孩子的精神需求。有时把孩子的成绩贴在墙上，给孩子照张纪念照，也是很好的奖赏。

第四，批评。批评是对孩子不良行为的指责。当孩子有了错误，错误较轻或认识较好，表示积极改正时，可采用口头或书面形式进行个别批评或当众批评。

第五，惩罚。惩罚是一种强刺激，当孩子犯的错误特别严重或屡教不改，不惩罚不足以起到教育作用时，就要运用惩罚的手段。它只是一种教育的辅助手段，应慎用、少用。

第三章 家庭教育的理念及方法

第四节　实践锻炼法

实践锻炼的内容相当广泛，如适应周围环境、锻炼身体、生活自理、家务劳动、独立作业、文明礼貌、社会交际等。进行实践锻炼，首先要孩子明确目的意义（为什么），提出具体要求（怎样做），鼓励他们克服困难，坚持到底。锻炼内容要适合孩子的年龄特征和个性特征，从他们的实际能力出发，交给孩子的任务和提出的要求必须适当。要允许孩子在实践中有失误，不可过分苛求。家长不能因怕孩子吃苦而中途停止锻炼。

实践锻炼方法是一种让孩子在生活和活动中实践，从中接受教育的方法。在孩子教育中，实践锻炼方法是极其重要的。从本质上说，孩子教育是在实践中完成的。家长和孩子教师要注意教育的形象性、可操作性、活动性，教育要具体直观、生动，不要简单粗暴，尽量少用居高临下的命令式，少说教、多实践。尤其对年龄小的孩子，重在其自我教育，并联系实际。

诺贝尔物理学奖获得者朱棣文像对待科学实验一样琢磨烹饪技术，中国菜、法国菜、墨西哥菜、意大利菜、泰国菜都做得很棒，常让全家人和访客吃得赞不绝口。他认为，所有男人都应以能烹饪为骄傲，儿童也应该从小学会下厨，尤其是学会找到冰箱里的剩余材料，以有限的资源动脑筋做出一桌美味可口的食物来。他认为，这种实践对以后搞科学实验极为有用。

旅行游学、参观访问、社区实践等外出活动以及家庭实践不仅能让孩子获得最直观的生活和工作的体验，同时也锻炼了孩子探索新事物的能力，拓宽了他的视野，让孩子对世界和生活拥有基本的认知与感受，激发他进一步了解和探索的愿望。现在我们的教育是以创新精神和实践能力为重点的全面素质教育，实践能力培养是孩子教育的重点目标和内容。

当前，中国大中城市里仍然有许多孩子不会使用基本的劳动工具，这是非常危险的。人类生存的基础是物质生产，现代人应具备基本的生活能力。高度重视基本劳动技能的培养，是数千年来人类的传统，是多数发达国家基础教育的共同特点，也应成为21世纪中国家庭教育的重要价值取向。

孩子在家长和教师的指导下，从生活中发现、思考和解决问题，勇于实践，善于实践。家长要防止自己的孩子成为眼高手低、志大才疏的人。一个人要想享受生活的甜蜜，首先自己要去做勤劳的蜜蜂。"成人不自在，自在不成人。"如果一个人缺乏实践能力，创新精神就成了无源之水。21世纪的人才不仅要具有为社会工作的能力，创造生活的能力，而且必须具备享受生活的能力。一个只能创造不能消费的人，不是一个完整的社会人。创造能力体现个人的工具价值，而消费能力则体现个人的主体价值，21世纪人才应是工具价值和主体价值的和谐统一。

孩子之间的智力发展是存在差异的，这与先天素质有关。但对一个有健康头脑的未成年人来说，先天素质只给人提供了身心健康发展的可能性和物质基础，后天的环境和教育才能把他的潜能开发出来。只要家长真正懂得如何开发潜在智能的方法，努力去培养教育孩子，就能启发孩子的学习兴趣，使孩子变得更聪明，心灵更美好，从而健康、快乐地成长。

第四章

不同阶段的家庭教育

第一节 婴儿期

一、婴儿家庭教育的方法

目前,针对婴儿的家庭教育资源主要有家庭这个场所,同时还有社区以及社会上的游乐场所等。但是,针对父母提高其教育能力和水平方面的场所较为稀少。因此,如何提高家长在婴儿家庭教育方面的水平,进而提高婴儿家庭教育质量,就成为一个值得深入探讨的话题。在努力建立和开发更多适合婴儿家庭教育资源的同时,应从婴儿的健康成长理念入手,重视培育孩子的优良个性,从而更好地提高家庭教育的质量。

(一)从教育资源平台利用入手,拓宽婴儿教育的渠道

随着科教兴国战略的实施,我国在教育方面的投入不断加大,各种教育资源平台不断增多。作为一个小家庭的父母来说,必须充分重视利用这些资源,努力提高婴儿教育的质量。

1. 利用社区婴儿活动,提高婴儿家庭教育质量

社区是婴儿生活的主要场所之一。每一个家长都要学会利用婴儿对外界事物产生好奇的探究心理,使社区的各类文体活动场所成为开展婴儿健康教育的最佳资源。家长将社区的相关资源作为延伸婴儿家庭教育的重要组成部分,是符合婴儿教育发展规律的。充分利用社区内的各类活动资源,通过在社区开展婴儿共同游戏活动,让婴儿在活动交往中促进身体机能发展和转变心理角色。这种以游戏为主的社交活动,不仅有利于培养婴儿相互之间的语言能力,还可以使他们在互动协作中形成健康的人际心理与培养合作能力。与此同时,家长也会在与其他婴儿父母的交流中学习到各种婴儿教育知识,

第四章
不同阶段的家庭教育

提高自己的家庭教育水平。

2. 利用父母教育经验，提高婴儿家庭教育质量

部分的婴儿家庭教育，主要依靠退休的祖父母（外祖父母）。而祖父母（外祖父母）就成了婴儿在成长过程中接触时间最长的人，成为他们事实上最亲近的人。因此，老一辈的传统教育方式，往往会造成婴儿教育上的种种缺失。因此，年轻的家长十分有必要与老一辈之间建立起一种沟通机制，通过各方之间的教育信息传递，让传统教育方法与现代教育理念有效结合，形成各种切实可行的教育方法以及有效的婴儿教育合力，力戒教育过程中出现的教育不当情况。

3. 利用互联网交流平台，提高婴儿家庭教育质量

随着现代科学技术的日益发展，整个社会已经步入利用信息手段进行互联互通的网络时代。互联网技术发展给我们的生活带来的最大益处就是能够快速有效地实现信息的传递。因此，我们可以利用互联网技术建立专业的婴儿教育信息交流平台，利用其跨时空、跨领域、操作方便、快捷有效等特点，不断加强各个婴儿家庭之间的信息沟通。利用这个婴儿教育信息交流平台，开展婴儿父母、幼教专家以及有关医务工作者之间的全方位教育对话，实现婴儿教育的信息共享。不管是年轻的家长还是老一辈的人，都能利用这个平台找到适合自己家婴儿的教育技巧，防止不恰当的教育方法可能带来的危害。因此，这样的平台无疑对提高婴儿家教质量，促进婴儿健康快乐发展具有重要的作用。

（二）从健康成长理念出发，培育婴儿的优良个性

作为一个具有现代教育理念的孩子家长，应该注重吸收其他婴儿家庭好的教育方法。遵循促进孩子健康快乐成长的人本教育理念，家长要充分认识家庭这个教育的第一场所在婴儿早教中的应有作用。

为了从小就给婴儿的成长营造一个优良的环境，使婴儿健康快乐地成长，家长要从以下方面下功夫。第一，要从孩子的情感成长要求出发开展早教。优秀孩子的特质，就是人际关系品质良好，能够听从父母的教育引导。

现在有的孩子要风就得有风,要雨就得给雨,否则就哭闹不止,这就是家长在情感方面教育缺失造成的。家长要重视孩子情感方面的成长,要在家庭教育过程中创造恩威并施、宽严相济的教育环境。只有在这种家庭教育环境中,婴儿的正确意愿得到满足,错误意愿得到抑制,才能获得健康的发展。第二,要重视婴儿的快乐体验教育。心理学研究表明,在婴儿成长的过程中,愉悦的心理体验能使他们得到健康的发展。因此,家长在对婴儿进行家教时,应该把婴儿的身心健康和快乐放在同等重要的位置上,学会运用心理学的有关知识去关注婴儿的身心发展状况。同时,要把早期教育和安全保护紧密地结合,在进行嬉戏活动时,要特别注意婴儿的生命安全,防止伤害事故发生。第三,要重视培养婴儿的良好个性。在每个婴儿的成长过程中,情感、态度、价值观等方面都会有个性差异。

二、0~3岁婴幼儿家庭教育的干预和影响

婴幼儿阶段的体格、智力、社会情绪、个体行为、社会适应能力的发育是人一生的基础,其重要性受到广泛重视。0~3岁是婴幼儿发育最迅速、最关键的时期,其中枢神经系统在这一时期,结构和功能都有很强的适应、重组能力,极易受环境因素影响。良好的育儿刺激可以促进其脑功能和结构的发育。家庭教育在婴幼儿身心发育,促进婴幼儿成长中起到的作用不容忽视。婴儿家庭教育作为早期教育的主体成为近年来学前教育研究的一大热点。

(一)0~3岁婴幼儿身心发育的影响因素

1. 神经、心理发育的影响因素

儿童早期发展具有明显的不确定性和可塑性,容易受到多方面因素的影响。了解儿童神经、心理发育有利于对发育正常的儿童开展早期教育,对发展不协调的儿童及时提出干预措施。有研究显示,孕周、父母文化程度、主要抚养人及抚养人对早教知识的态度、母乳喂养方式、做抚触和婴儿被动操

等都与儿童神经、心理发育影响因素有关。其中，父母文化程度高，父母为主要抚养人，主要抚养人对早教知识关注及做抚触和婴儿被动操，对儿童的神经、心理发育有促进作用。

孕周、父母文化程度、主要抚养人及做抚触和婴儿被动操是独立影响因素。孕周较短会使小儿先天特别是神经系统发育不成熟，从而影响以后的智力发育。因此，应大力加强孕期保健，预防早产和对早产儿的早期干预。父母是儿童最亲密的人，并且承担了对儿童的启蒙教育。文化程度高的父母比较关注孩子的早期教育和科学育儿的理念与方法，从而促进儿童的神经、心理发育。主要抚养人为父母的儿童，神经发育较好，主要是因为父母相比老人和保姆文化程度高，精力旺盛，容易接受新知识、新理念，有利于刺激促进儿童大脑的发育。做抚触和婴儿被动操时的语言、对视、愉悦的情绪与表情，都对新生儿的神经系统构成了良好的刺激，使大脑对冲动进行分析、判断，而作出相应的反应，从而刺激脑神经细胞和其他神经系统的发育。

2. 体格发育的影响因素

强健的体魄是婴幼儿成才的基础。有研究显示，儿童的年龄、性别、出生体重、孕周、父母文化程度与儿童体格发育状况有关。儿童处于不同的年龄阶段，自身的发育能力不同，加之看护人对待不同年龄的儿童，其喂养方式以及看护态度不一样也造成了其体格发育的参差不齐。不同性别的儿童在早期的发育也不同，除了受自身生理机能因素的影响，还可能与部分地区仍然存在普遍的重男轻女现象有关。低出生体重和早产是儿童体格发育迟缓的危险因素，主要是母亲孕期营养缺乏或孕期其他原因所致，虽然早产、低出生体重儿在出生后出现一定的"追赶生长"，但其体格发育与同龄足月正常儿童相比仍存在一定差距。父母的文化程度不仅是儿童神经、心理发育的影响因素，也是儿童体质发育的影响因素。有研究显示，父母文化程度低的儿童，生长发育迟缓率和低体重率远高于父母文化程度高的儿童。因此，为促进儿童体格的发育，不仅要加强孕产期保健工作，提供有效的营养支持，而且要提高父母文化水平。

（二）家庭教育对0~3岁婴幼儿发育的影响

0~3岁是一个人生理、心理、能力等方面最初发展阶段，当一个孩子到了3岁时，他的各种智力因素、性格、行为等都已经基本成形，在以后的日子中不会有太大的改变。在我国，绝大多数0~3岁的婴儿散居在家中进行教养，家长对孩子的健康成长负有主要责任，是孩子人生最早的启蒙教师，家庭对婴儿的早期成长起到关键性作用。

婴幼儿在0~3岁的成长过程中，从不会说话到开始说话，然后基本能听懂他人说话，并在一定程度上表达自己的意愿，在整个环节中，主要的教育责任都在家长身上，家长通过不断地营造语言环境，为孩子的说话和听懂他人说话做准备与实践。经过父母语言熏陶过的孩子，开口时间普遍较早，并且词汇量明显比同龄人多。

0~3岁的婴幼儿由于年龄较小，不能上学，主要在家庭中接受教育。家庭教育影响着婴幼儿行为习惯、态度和性格的形成。所以，这个阶段的家庭教育有着特殊的重要意义，其应该与生活相结合，在吃、喝、拉、撒、睡等日常生活过程中有意识地对孩子进行教育，培养孩子独立生活的习惯和能力。有研究显示，开展家长科学育儿指导，加强家庭育儿教育，可促进0~3岁婴幼儿体格发育，并有效降低缺铁性贫血、营养不良的发生率。另有研究显示，开展社区健康育儿教育服务能够显著促进智力发育指数（MDI）、运动发育指数（PDI）和体格发育。

（三）家庭教育方法

1. 树立开放性的三原则

性格决定人生、观念决定行为，对于如何采用家庭教育影响婴幼儿，需要有正确的思想作为指导。长期以来，受我国传统思想"要成才，先成人"思想的影响，家长普遍注重0~3岁婴幼儿的品德行为习惯的培养，许多家长对学习兴趣和智力发展也高度重视，而将最重要的身体发展、心理健康和自我服务放在次要位置。针对这种情况，对人格培养还不够高度重视的家长提出简单适用的原则：谨慎干预、遵循自由、适当帮助婴幼儿，让婴幼儿参与成年人的生活。其中，谨慎干预要求家长在为孩子提供营养食物、优雅成长环境的同时，尊重孩子个体构建内在和自我教育的机会，保持顺其自然的态度，绝对不要不合时宜地、不恰当地对婴儿进行干预。遵循自由是让家长在孩子成长的过程中仔细观察，并给他们自由，减少对孩子的压制，让孩子在自身成长的过程中不断探索，信任和支持他。适当帮助婴幼儿，让他们参与成年人的生活，是对孩子最切合实际的帮助，让他们在与成年人共同的生活过程中，学会观察，不断模仿，学会所需的东西。

2. 运用多种家庭教育方法

健康快乐是婴幼儿身心发育的基础，在实施家庭教育的同时要注重婴幼儿健康、快乐和安全，将保护与教育相结合，促进其身心共同发展。家长要充分掌握婴幼儿成长阶段和各个发展过程，充分理解婴幼儿的天性，尊重婴幼儿的身心发展规律，适时引导婴幼儿的发展，让婴幼儿在宽松快乐的环境中成长。同时，要注重婴幼儿发育过程中的个体差异性，避免盲目的攀比心理，做到因材施教。针对婴幼儿的运动、情感、语言以及感知方面的不同，进行针对性的教育，善于发现婴幼儿的优点，开发潜能，促进个性发展。

3. 提供丰富的家庭教育内容

智力因素（语言能力、思维能力、抽象概念和数学运算）和非智力因素（观察能力、运动能力、好奇心和求知欲、社会化能力、意志和性格，以及良好的生活习惯和独立生活能力）是婴幼儿教育的主要内容。因此，在家庭教育过程中要同时注重这两个方面的培养。要使婴幼儿成长过程中的智力因素和非智力因素共同发展，需注意以下几点。第一，更加关注婴幼儿成长时期的具体需求，为婴幼儿及其家庭提供足够的支持可进一步提升人口素质，使其更加合理和具体，以促进今后社会的整体发展。第二，注重跨专业、跨界别合作。例如，教师、心理学者及医生共同合作，全面评估婴幼儿需要，提供多角度的支持。第三，加强对家庭的支持及增加家长工作是婴幼儿教育的重要一环，必须重视家长工作，以增强婴幼儿自信心及抗逆力。

第二节 幼儿期

家庭教育具有明显的差异化特点,不同教育方式将对幼儿产生不同的影响,家长的性格、受教育程度和家庭环境都是影响幼儿成长的关键因素。要保证幼儿的健康成长,需要家长经常与幼儿教师进行沟通,学习并掌握更多合适的家庭教育方法,以便在家庭中开展多样化的亲子活动,认真聆听幼儿的想法,努力营造更加和谐与温馨的家庭环境。

一、家庭教育的特点

(一)启蒙性

相对于学校教育来说,家庭教育最明显的特点是具有启蒙性。在幼儿成长和发展过程中,父母是其第一任教师。无论是幼儿习惯的养成,还是性格的培养,都与家庭、家长紧密相关,家庭环境对幼儿的成长产生直接且深远的影响。

(二)感染性

从情感角度来说,家庭教育具有较强的感染性。父母的情绪、心态、思想等均会对幼儿产生潜移默化的影响,父母的习惯和兴趣,也会影响幼儿的行为习惯。因此,父母必须在家庭中作出良好表率,成为幼儿心目中的榜样,帮助幼儿更好地成长。

(三)权威性

幼儿最常接触的人就是父母,因而对于幼儿来说父母属于权威的存在和代表，幼儿往往较依赖、崇拜和尊敬父母。在这种心理影响下，幼儿会无条件地信任父母，愿意接受父母提出的意见，努力向着父母期望的方向发展。

（四）终身性

在幼儿启蒙阶段，家庭教育发挥着至关重要的作用，同时家庭教育属于终身教育。即使幼儿已经长大，家庭教育仍能发挥同样的作用。终身性的特点也使得父母能始终观察和了解孩子，并在恰当时机进行适当教育，从而保证幼儿的全面、健康成长。

二、家庭教育的意义

家庭教育在一个家庭中，具有明显的意识性和目的性。在良好家庭教育的影响下，幼儿能够逐渐形成良好的品格，拥有足够的自信心，养成良好的行为习惯，同时还能更好地适应社会。在幼儿成长过程中，家庭教育拥有独特的作用和地位，是幼儿了解和认识世界的第一课堂，并会伴随幼儿的成长而发展。因此，家庭教育的重要性不容忽视。在幼儿养成良好品质、行为习惯的过程中，父母发挥着决定性作用。父母不仅要给予幼儿良好的庇护，还要关注和了解幼儿的心理发育及生理发育，在恰当的时机给予适当的引导，使幼儿能逐渐形成正确的世界观、人生观和价值观，这些都对幼儿的未来发展起着积极的作用和影响。

三、不同家庭教育方式对幼儿的影响

（一）溺爱型

溺爱型家长对幼儿的照顾可谓无微不至，所有事情都会替幼儿准备好，导致幼儿成长为温室内娇生惯养的花朵，禁不起外界风吹雨淋。溺爱型的家庭教育方式会导致幼儿事事以自己为中心，无法正确面对困难和挫折，无法与他人和谐相处。从当前家庭教育情况来看，溺爱是很多家长的通病，尤其是在一些长辈群体中更为明显。当幼儿吵闹着要某一个物品时，家长会想尽办法满足。但要想保证幼儿的健康成长，父母不能时时应允、顺从幼儿，更不能代替幼儿做一些事情，而是要适当放手，鼓励幼儿去尝试和操作，这样才能真正锻炼幼儿的动手操作能力与社会适应能力。

（二）专制型

专制型家长具有较强的控制欲，始终认为自己的想法是正确的，是永远不会出错的，不容幼儿反对和反抗。无论幼儿想要做什么事情，都必须严格按照家长的思路进行。无论是幼儿的行为习惯，还是幼儿的生活方式，家长都给予强制性指导，这会在不知不觉中抹杀幼儿的天性，使其逐渐失去积极性和自主性，严重影响幼儿创新能力和创造能力的发展。

（三）民主型

很多优秀的幼儿来自民主家庭，他们从小就接受良好的教育，父母会征求、询问幼儿的意见，在幼儿同意后再进行。民主型家长较为重视教育方法的选择，了解并尊重幼儿，能够认真聆听幼儿的想法和心声，可在家庭中为幼儿提供更加广阔的发展空间。同时，家长还会根据幼儿的个人喜好与实际情况，在恰当的时机指导和教育幼儿，鼓励幼儿找到自己的兴趣爱好，使其能始终生活在一个无拘无束、温暖的环境中。民主型家长也会积极配合教师的各项工作，能够经常与教师沟通、交流，最终培养出全面发展的幼儿。

四、家庭教育中影响幼儿个性发展的因素

（一）家庭环境

每个家庭都拥有不同的生活氛围、经济水平等，这会在一定程度上影响幼儿的个性发展和培养。每个家庭应为幼儿提供温馨、整洁的生活环境，在条件允许的情况下投资后天教育，逐步拓展和延伸幼儿的知识面，使幼儿从小拥有一技之长，这样能为幼儿的素养、能力及日后成长做充足的准备。温

馨的家庭环境会使幼儿形成积极乐观的性格，保持对生活的热爱；而恶劣的家庭环境可能导致幼儿养成过于暴躁、自卑等性格。

（二）父母的性格特点

对于幼儿来说，父母的重要性不言而喻。如果父母的性格较为友善，那么幼儿在父母的影响下也会形成较为友善的性格，懂得礼貌待人。如果父母的性格较为暴躁，家庭中经常出现行为、言语较为激烈的情况，就会给幼儿带来较大的心理阴影，甚至使幼儿形成较为暴躁的性格，逐渐畏惧自己的父母等。很多家长都是较为理性的，在出现问题后能理性分析，用最合适的方式解决问题，而这也会在潜移默化中对幼儿产生影响，使幼儿学会利用理性的方式分析并解决问题。

（三）父母的受教育程度

如果父母的文化水平较高，就会选择较为合理的教育方式，能够客观分析和了解幼儿的水平与能力，根据幼儿的接受能力和兴趣爱好开展相应的家庭教育活动，同时还能在日常生活中发挥良好的表率作用和榜样作用，使幼儿受到积极影响，形成较为健全的人格。如果父母的文化水平相对较低，选择的教育方式就会较为单一，不够关注和了解幼儿的情感体验。但这并不是绝对的，很多农村家庭中的父母受教育水平较低，但仍旧能培养出优秀的人才。

五、提高家庭教育水平的方法

（一）重视家园合作

在幼儿整个成长过程中，家庭教育和幼儿园教育是重要组成部分，是幼儿长期接触的两个环境，拥有丰富多彩的教育内容，可有效融合形成教育合力，保证幼儿在良好环境中健康成长。因此，幼儿园需要充分利用现代化的交流平台、通信手段等，建立QQ群、微信群等，通过这些交流平台分享幼园的信息等，围绕幼儿近期的教育教学情况展开交流。同时，教师能了解幼儿的家庭情况，以及幼儿在家庭中的表现、成长情况；家长也能了解幼儿在幼儿园中的表现。在沟通、交流的过程中，教师可以为家长介绍一些家庭教育方法，围绕近期教学内容展开交流，保证教育的同步性。教师可以让家长观察幼儿在家庭中的表现情况，借此了解幼儿的学习情况，在此基础上调整和优化教学方案。教师需要让家长认识到家庭教育和幼儿园教育融合的必要性，引导家长积极配合幼儿园教学，从根本上保证幼儿的快乐成长。

（二）注重亲子交流与互动

家长应当掌握与幼儿沟通的方法，认真聆听幼儿的想法和观点，真正走入幼儿的内心世界，在日常生活中体现自己对幼儿的尊重。因此，家长可在空余时间有意识地制造与幼儿交流的机会，在家庭中开展亲子游戏、亲子阅读等，利用多种不同的方式了解幼儿，走进幼儿的内心世界，尽可能放低姿态，将自己与幼儿放在同样的高度上。在亲子交流和互动过程中，家长应避免使用说教、批判、强迫以及命令等语言，需要询问和关注幼儿的感受，切勿出现揭伤疤、翻旧账的情况，更不能将幼儿与其他幼儿进行比较，否则将会严重打击幼儿的自信心。

（三）创建良好的家庭环境

如果幼儿能成长在一个较为温馨、良好的家庭环境中，情绪就会较为稳定，拥有更加丰富和细腻的情感，性格会较为活泼，拥有较强的自信心，能够与他人和谐相处。这是因为幼儿生活在这种家庭中，能够得到尊重、理解和关爱，逐渐形成较强的安全感和归属感，也会在潜移默化中养成尊重、理解和关爱他人的习惯。如果幼儿在学习和成长过程中遇到问题，感到无助、茫然与彷徨时，能从家长的关怀、帮助中树立自信心，能正确应对各种问题和困难，就会在第一时间消除掉负面情绪。

总而言之，幼儿的健康成长离不开家庭教育、社会教育以及学校教育，其中，家庭教育的重要性不容忽视，对幼儿的成长具有深远影响。家长需要认识到家庭教育的重要性，给予幼儿足够的尊重和理解，根据幼儿的具体情况选择合适的教育方法，运用亲子活动、家园合作、家庭环境等方式，来切实提高家庭教育的质量和水平。

第三节 儿童期

儿童期的教育除了学校、社会教育外,家庭教育也起到举足轻重的作用。家庭教育的成败直接影响儿童的一生,成功的家庭教育为儿童的发展奠定了坚实的基础;相反,不成功的家庭教育会给儿童的成长埋下无穷的隐患。因此,家庭教育是儿童成长不可忽视的因素,良好的家庭教育是儿童成才的助推器。

一、健康人格,重在培养

家庭被称为"创造人类健康人格的工厂"。人格健康不仅关系儿童身体的正常发育,也决定着他今后的人生走向。如何发挥家庭教育的作用,保证儿童的人格健康发展?首先,要营造民主、和谐的家庭气氛。民主、和谐的家庭气氛有助于儿童养成积极、主动的生活态度,他们能自觉地参与家庭活动。良好的家庭环境,无时无刻不在影响着孩子,孩子的言行能够折射出父母的影子。苏霍姆林斯基说过:"每瞬间,你看到孩子,也就看到了自己;你教育孩子,也就是在教育自己,并检验自己的人格。"

二、乐观开朗,教养有方

乐观开朗,既是一种心理状态,也是一种性格品质。

第一,营造良好的家庭心理氛围,维护、保障儿童的心理健康。在这种状态下,个体能具备良好的适应力,生命具有活力,能充分发挥身心潜能。当今社会的家庭结构、养育方式的改变以及生活节奏的加快,不同程度地增加了儿童成长过程中的心理紧张，造成了儿童的心理障碍。父母是儿童的第一任教师，父母的思想行为、意识习惯、情感态度等对儿童的个性具有十分明显的导向作用。所以，父母要以身作则，做好孩子心理健康的表率和榜样。家庭的气氛、家庭成员之间的关系，潜移默化地影响着儿童的心理健康。

第二，培养儿童多方面兴趣，增强孩子的自信心。一位哲人曾经说过："谁拥有了自信心，谁就成功了一半。"自信心是儿童成长道路上的基石，是学习过程中的润滑剂。任何一种兴趣的产生都是受到内部或外部的各种因素综合影响，各种培养方法之间并不是孤立的，而是相互有一定的联系，因而在培养某种兴趣时，可以综合利用多种方法。而孩子兴趣广泛，能够从中找到自信，家长不能一味地指责孩子的错误和失败，不去启发引导孩子探索新方法，是不利于对孩子自信心的培养的。

随着年龄的增长，孩子自主和独立的意识日渐增强，同伴之间的交往能够帮助孩子形成最初的积极的社会交往意识，并在这种交往中初步掌握如何维持和妥善处理人际关系的交往能力。因此，家长要多鼓励并引导儿童广交朋友，特别是同龄朋友，引导孩子与人交往的技能，但不要过分干预孩子之间的交往，培养孩子处理交往问题的能力。

三、妙行赏识，恰当表扬

"没有赏识就没有教育"，人性中最本质的需求就是得到尊重和欣赏。"好孩子是夸出来的。"巧妙地施行赏识，就是充分挖掘孩子的智力潜能、打破传统的急功近利，注重让每一个生命尽放光彩的教育，追求生命的尊严与自信，倡导成长的健康与快乐。家长要时刻以赏识的眼光关注孩子，及时发现其"闪光点"，做到不过度赏识，表扬适度，对孩子的良好表现，要根据不同情况，给予恰如其分的表扬和鼓励；另外，家长要帮助孩子学会悦纳自我；还要学会怎样赏识孩子。

赏识如巧克力，给孩子愉悦与力量。对孩子来说，一个赞许的目光，一次真情的拥抱，都会让其沐浴在赏识的阳光下，健康、快乐地成长。"赏识出真知，赏识出成果"，巧妙地运用赏识，恰当地进行表扬，孩子心灵的苗圃就会阳光明媚，春色满园，孩子个性的幼苗就会一派生机，茁壮成长。

四、挫折教育，因势利导

今天的儿童是"蜜糖罐"里长大的一代，物质上丰衣足食，应有尽有。但他们最缺失的，除了勤俭的传统美德外，便是挫折教育。挫折教育是提高孩子克服困难的决心、信心、恒心，对挫折的承受力、应变力、克服力，培养其完善人格的心理素质教育的一个必备条件。

首先，家长应引导幼儿做一些力所能及的事情，使儿童逐步学会自理、自立，并适当地分担力所能及的家务。培养儿童爱劳动的习惯，为家人尽责、为他人服务的基本责任感。

其次，家长要垂范引导，提高孩子的抗挫折能力。在挫折教育中，家长也要做好儿童的承受能力的培养，以阳光的心态对待生活。如果我们只是一味地追求让孩子经历挫折，而不注重恰当引导，对孩子的发展同样是不利的。当孩子遇到挫折时，父母应及时给予其建议、鼓励或肯定性评价，以增强孩子克服困难的勇气。要使孩子对挫折有更强的承受力，家长首先要冷静、客观、积极地对待生活中的各种事情，用信心和勇气感染孩子，让孩子注意到自己是以轻松、乐观的态度来对待挫折和失败的，鼓励孩子大胆、勇敢地面对挫折和失败。如此，孩子自然而然地就会学会坦然地对待挫折，走出失败，迈向成功。

良好的家庭教育就像一盏明灯，永远指引着儿童向正确的方向航行；良好的家庭教育就像一片肥沃的土地，永远滋养着儿童健康的人格；良好的家庭教育就像一件法宝，永远使儿童胜不骄、败不馁、勇往直前。

第四节　少年期

作为父母,如何根据各年龄阶段孩子的生理、心理特点,真正地去关心孩子、引导教育孩子是非常重要的。由于处在少年期的孩子在生理上开始出现了一些急剧而显著的变化,大多数孩子对这些变化会产生不同程度的恐惧及不知所措的心理,同时也会对自己身体产生特殊的兴趣和好奇心。因此,父母应教给孩子一些有关的生理知识和道德观念,以解除孩子心理和生理上的困惑,让孩子做好心理准备,迎接这个身心发育期中的急剧转变。更重要的是,父母必须多方位、多层次地关心、了解孩子的个性心理特点,了解这一时期孩子的心理需求及精神需求。唯其如此,父母的教育才能为这一时期的孩子接受,才能真正帮助孩子长大。

一、加强营养、保健与适当的体育活动

根据少年期孩子生理发展的特殊变化和需要,家长要注意增加孩子的营养,做好保健工作,开展适量的体育活动,保证孩子每天有8~9小时的睡眠,以促进孩子的健康发展和增强孩子的体质。

少年期的孩子身高、体重的增长较儿童期要快,下肢的增长速度快于上肢,四肢的增长速度又快于躯干,因而出现"长腿、长胳膊、短身"的状况,这就造成了心脏的增长慢于血管增长的状况,增加了血液循环的困难;此外,还出现了呼吸系统落后于运动系统,神经系统容易疲劳等特点。

该时期的孩子不宜做剧烈的、强度过大和时间过长的劳动(或运动)。然而少年人由于身高、体重接近成年人,往往过高地估计自己的体力,喜欢做一些力不胜任的运动和活动。这时,家长要机智地对孩子进行教育,既要

保护孩子参与活动的积极性，适度满足其愿望，又要防止孩子运动量过大或劳动强度过大。另外，父母还要根据孩子身高的变化，适时调整过高或过低的桌椅，以免孩子产生疲劳、出现近视或养成不良的坐姿。

二、尊重少年的独立性、自尊性

随着知识经验的增多，少年对客观事物的认识不断深入，自觉性有了进一步发展，往往不满足于学校中教师的讲解和教科书对事物及现象的说明，喜欢独立地寻求和争论各种事物的原因与规律，经常独立地、批判地对待一切事物，这是难能可贵的。作为孩子的家长要保护其思维独立性和批判性的特点，尊重和维护孩子的自尊心。由于这一时期的孩子普遍产生了成人感，认为自己已经长大了，渴望事事与成人平等，想摆脱对父母的依赖和服从，竭力表现出成人的行为和气魄，要求成人尊重他们的意见和人格。

所以，如果家长再以对待小孩子的态度对待之，孩子就会产生不满，甚至反感。这就要求家长能够平等地和自己的孩子讨论问题，对他们提出的合理主张和建议给予肯定，培养孩子分析问题和解决问题的能力。作为家长，应认真、耐心地倾听孩子的意见，对其合理意见要给予充分的理解和信任；对孩子的错误意见和不合理主张，要和其一起商量、研究，帮助孩子分析主客观情况，晓之以理，使孩子心悦诚服。千万不要以命令的口气，强迫孩子执行家长的意见，同时要让孩子自己独立地面对一些问题，独立处理，在孩子遇到困难时及时给予其帮助，增强孩子的信心和勇气。

三、培养少年自我教育的能力，逐步完善其个性

少年的情感通常表现为，会因一件小事而狂喜，也会因一件小事而沮丧，而在意志方面则较薄弱，遇到困难或遭到失败时往往表现为缺乏毅力，对意志品质的理解也不够深刻，往往表现出蛮干。这实际上反映出少年具有半儿童、半成人的特点。

第四章

不同阶段的家庭教育

少年期的孩子既不像儿童时那样听话，也不像青年人那样能控制自己，可塑性很强，如果教育不当，则有可能失足、犯罪，步入歧途。例如，少年期的孩子处于性萌发期，他们开始发现两性的奥秘，但这阶段的少年道德观念尚不完善，理解很肤浅，情感一冲动，就容易走进误区。所以，家长要适时教育孩子遇事冷静，要全面分析情况，分清主客观原因，以便采取妥善的办法进行恰当的处理。

家长要经常和孩子进行沟通、交流，当发现孩子情绪不佳时，要了解情况，分析原因，帮助孩子解除困难，而不是火上浇油。平时，家长还要注意培养和锻炼孩子良好的意志品质，只有具备了坚强的意志，才能置情感于理智之下，把精力有效地放在学习、生活和劳动上。

这一时期，少年对自我心态、道德面貌和认知能力等方面的关注，反映出他们已经具有自我教育的需要，父母应对孩子的独立要求给以支持、引导和尊重，丰富孩子的内心世界，帮助孩子形成正确的自我认识和理想自我，最终通过实践活动形成自我教育的能力。

总之，这不仅关系孩子能否顺利地度过少年期，也关系孩子能否形成良好的个性品质。那么，父母应具备什么样的教育观念呢？现代社会强调父母与孩子之间是一种良好而平等相待的亲子关系，而且这种亲子关系是互动的，在一种民主平等的家庭气氛中让孩子接受教育。但需要提醒的是，这种民主管教态度并非父母放任子女，而是充分尊重、信任孩子，适时地给孩子提供参考、咨询，引导孩子，并对孩子建立合理的期望，以培养孩子适应未来社会的性格和特质。

第五节　青春期

一、概述

（一）青春期

青春期具有四个明显特性：过渡性、变化性、反抗性和负重性。首先，青春期是个体由儿童过渡到成年的时期。他们逐渐有了自己的独立意志，但还没有完全独立，在许多方面，尤其是在物质生活方面还要依赖父母。

其次，青春期是个人身心变化最迅速且明显的时期，从这个时期开始，儿童的身体、外表、行为模式、自我意识、三观等，都脱离了儿童的特征而逐渐成熟起来，更接近成年人。

再次，由于身心的逐渐发展和成熟，个人在这个时期往往对生活采取消极反抗的态度，否定以前发展起来的一些良好品质。这种反抗倾向，会引起少年对父母、学校以及其他规范的抗拒态度和行为。

最后，从他们要应付的各种问题来看，青春期也是一个负担很重的时期。他们必须应付由身高、体重、肌肉力量特别是性成熟引起的变化和问题，心理压力相对增加，同时还要逐步建立起较为成熟、更加符合社会规范的思想观念和行为模式。此外，与异性的互动和繁重的学习任务等也给他们的身心造成极大的负担，有时候还会成为主要矛盾。

（二）家庭教育

这个时期的家庭教育也有四个特征。首先，家庭教育的早期性。家庭是孩子生活的摇篮，是孩子出生后接受教育的第一个地方，人们的许多基本能力都是在这个地方形成的。如语言表达、基本动作和某些生活习惯等。所以，父母对孩子的教育是最早的。

其次，家庭教育的连续性。孩子出生后，大部分时间都生活在家庭中，接受父母的教育，这些教育一直在影响孩子的生活习惯、道德行为和礼仪，它的影响是相当大的，伴随人的一生。

再次，家庭教育的威慑性。家庭教育的威慑性是指父母及长辈在子女中的权力。家庭的存在决定了父母与子女之间的血缘关系、育儿关系和情感关系。家庭成员基本利益的一致性决定了父母对子女的更大限制。

最后，家庭教育的及时性。家庭教育的过程是父母在家庭中的个人教育行为，这比学校教育更及时。父母和孩子日夜相处，父母通过孩子的言行可以掌握孩子当下的心理状态，找出孩子的问题，及时对其进行教育，及时纠正，使不良行为习惯消除在萌芽状态。

（三）青春期与家庭教育的关系

青春期出现的种种特性与问题以及解决方法都与家庭教育息息相关。青春期除了自身变化带来的各种矛盾外，也是对家庭教育存在的问题的集中体现和暴发。心理学把12岁之前称为"依恋期"，这也是家庭教育的关键时期，如果孩子在这一时期没有在人格上形成正确的是非观，养成良好的习惯，那么12～18岁的青春期，面对自身的矛盾所带来的巨大压力以及其他方面的不良诱惑，孩子可能出现某些心理问题，甚至犯罪。此时，家庭教育将不再具有优势，孩子出现的许多问题用以往的教育方法将不再起作用。但青春期出现的问题并不是不可逆的，家庭教育还有连续性与及时性，父母如果能在这个时候认识到自身教育问题并及时进行调整，那么对孩子的教育还是能起到一定作用的。因此，家庭教育在青春期十分关键，应该格外重视、反思、调整这个时期的家庭教育，帮助孩子更好地成长。

二、青春期存在的主要问题

青春期的变化性、反抗性以及负担性导致这个时期的孩子会在心理和生理上产生许多矛盾，如果这时候家庭教育还是采用原来不恰当的方法，或者置之不理，就会集中暴发许多问题。其中，最常见也是令中国家长最头疼的三个问题就是叛逆、沉迷网络以及早恋。

（一）叛逆

叛逆是指反叛的思想、行为，与现实相悖，与其他人的初衷相反，经常做出意想不到的事情。青少年产生反叛心理的原因有很多，其中家庭教育不当是主要原因。

首先，青少年不像他们在青春期之前那样依赖父母，更多的是独立意识增强，希望用自己的能力得到肯定，而一些专制的父母仍是用从前的方法教育孩子，认为孩子不够成熟，什么事都要听自己的，否则就是不听话，一再叮嘱孩子，自然会暴发矛盾。

其次，青春期伴随着自尊心的增强，而父母在面对孩子犯错时的态度通常很强硬，甚至责骂孩子，严重伤害孩子的自尊心。

最后，保守的家庭教育导致长期以来父母与子女的交流不畅，青春期也是最需要关爱的时期。这个时期孩子的父母如果经常忽视孩子的心理问题，对孩子不闻不问，那么孩子内心的矛盾积少成多，很容易产生更大的问题。而有些父母通过侵犯孩子隐私来获取孩子的信息，不主动沟通又不尊重孩子，效果只会适得其反。

（二）沉迷网络

沉迷网络是指互联网用户长期和习惯性地沉浸在互联网中，并且对互联网有很强的依赖性，从而陷入痴迷，难以自我解放。许多家长认为，青少年沉迷网络的主要原因是游戏，但事实并非如此。网络成瘾的原因通常分为外因和内因。

外因主要存在于学校和家庭。青少年一天中大部分时间都在学校度过，学习从早到晚，晚上还要应付作业，枯燥感顺势而生，这个时候如果没有可以释放压力的兴趣爱好，由于父母关切过度或者不予关切，都容易让孩子产生巨大的心理压力与空虚感,特别是在学业上得不到成就感的青少年,会产生挫败感与自卑感,而网络给了这些孩子释放压力和孤独感的窗口,使他们更倾向于投入虚拟世界解压和找到成就感。

内因也是主要原因,这个时期的青少年大脑快速发展产生了丰富的想象力,会做"白日梦",而社会阅历的缺失使他们无法自主地在生活中弥补这些空缺,网络小说、游戏的出现则大大满足了他们的需求,如果没有良好的自制力,即没有在青春期前就能够锻炼抵制诱惑的能力,那么很容易沉迷网络。

(三)早恋

早恋通常指的是未进入大学的年轻人之间的爱情,特别是在学校里。早恋的原因多种多样,从未成年自身分析,青春期带来的生理变化容易产生性冲动,为了满足对异性的好奇心而结交异性朋友。还有一种就是从众心理,受同学、小说、影视剧的影响,想尝试恋爱,体验恋爱关系中的愉悦感。从家庭方面分析,家庭教育中父母位置的缺失,使得青少年内心敏感、自卑,需要从同龄异性身上寻求安全感。父母恩爱,给孩子完善、充足关怀的家庭,孩子很难提前进入一段恋情,因为家庭教育弥补了他需要从恋爱中获得的安全感,能够从父母关系中评判恋爱价值的孩子也会有自己的标准,不会轻易陷入早恋。

三、青春期家庭教育对策

叛逆、沉迷网络以及早恋,都是家庭教育在青春期中出现的常见问题,这些问题或大或小地会带来一些影响,家长在重视的同时也应该积极地从自身寻找原因,做出改变,使孩子有一个健康成长的青春期。

(一)叛逆:转变教育方式

叛逆的主要原因是家庭教育不当,因此父母要在心态、对策上作出相应的改变。

首先，父母应该认识到孩子有自己的生活和自由空间。例如，尊重孩子的兴趣爱好，这些爱好也许和学习无关，但不能一棒子打死，认为只要与学习无关就影响学习，可以尝试着在了解的基础上对孩子的兴趣进行支持或引导。

其次，父母要与孩子成为朋友，尊重孩子。父母要学会放下高高在上的态度聆听孩子的心声并及时引导孩子，而不是表现出控制孩子的权威。向孩子提出的建议也是点到为止，不要一直刻意提醒或苛责，这样会适得其反。例如，真正的朋友不会偷看日记，也不会一个劲儿地说教，这些都是某些父母的方法不当导致的。

最后，父母学会冷静、耐心分析孩子的动机，并时刻反思自身的行为，灵活作出调整。面对孩子莫名其妙地发火，家长可以选择"不接招"，等孩子冷静了再询问。面对事出有因的问题，家长应该有所反思，并在反思的基础上作出相应的调整。比如，中学以前孩子会听家长的直接劝导，而中学之后也许面对面的谈话来得更加有效。

（二）沉迷网络：步步引导

网瘾不是病，但对青少年来说，一旦沉迷，却很难戒掉。因此，家长应该加强对网瘾的重视，科学引导孩子一步步戒掉网瘾。

首先，父母与孩子谈判，以澄清网络成瘾的不利影响，如破坏学习和损害身心健康。使网瘾患者内心对于成瘾行为有较本质的认识，为接下来的引导作铺垫。一般比较有自制力的孩子如果能够比较快地了解到沉迷网络的坏处，是会主动在行为上配合家长的。

其次，制订上网计划。家庭成员与网络成瘾患者协商制订上网计划，逐渐减少在线上网花费的时间，最终实现控制网瘾。

最后，寻找替代物。要知道，逐渐减少上网时间表明青少年在闲下来的时间要有事可做，并且同样有趣，不然其又会回到网络的怀抱。孩子沉迷网络无非是感受到网络的乐趣，那么培养一个同样能带来乐趣但不影响学习的

第四章
不同阶段的家庭教育

兴趣爱好就能起到替代作用。这个兴趣可以是打篮球、打羽毛球、打乒乓球等，家长也应该参与其中，以竞赛的方式激励孩子的斗志，孩子为了赢就会在这个运动中找到更大的乐趣。一个兴趣爱好丰富、广泛的孩子是很难沉迷某项事物的。

（三）早恋：面对面探讨

中国家长面对早恋一般有两种态度：要么偏激反对，认为影响学习；要么保守含蓄，认为小孩子不懂也不该懂爱情，避而不谈。事实上这都是不尊重孩子的表现。

正确的引导应该从面对面谈话做起。首先，恭喜孩子恋爱，孩子可爱才有人爱，这样才能从一个缓和的态度展开和孩子的交流，而不是激进地阻碍，越是阻挠，孩子就会越坚持。

其次，告诉孩子恋爱的甜蜜与危险。学生时期懵懂青涩的爱情在成年人的世俗社会里是很难再有的，这样一段感情对一个人的内心成长也是有益的，在其人生中也能留下美好的回忆。恋爱固然甜蜜，但由于心理和生理的不成熟，青少年容易产生误区，也没有意识到应该承担哪些责任，这些都应该是父母教导的。如果父母没有正确引导或忽略它，那么孩子很可能会误入歧途。

最后，让孩子区分恋爱与婚姻。很多青少年一旦陷入热恋，就想和对方一辈子在一起，显然，他们对恋爱关系没有深刻且长期的认识，作为家长应该担负起教孩子区分婚姻与恋爱关系的责任。要使恋爱变成婚姻需要经营和更多的责任，显然这对处于学习阶段以及身心发展阶段的学生来说，没有足够的精力这么做，唯一能够做的就是好好学习，互相进步，给对方一个确切的、有希望的未来，这才是良性的恋爱关系。

现代许多年轻的父母也许并不会遇到同样的问题，但并不意味着这些人不会遇到子女的教育问题。随着时代的变化，由于父母与子女教育和生活背景的不同，一定会出现新的矛盾和问题，这些问题可能出现在青春期，也可能出现在少年期。然而，正如犯罪心理学家李玫瑾所说："大多数未成年

人的问题，成年人应该对此负责。"为人师长、为人父母更应该明白这个道理，多从自身思考原因，多从家庭教育、学校教育上思考对策，而不是盲目地将原因归咎于孩子和社会，要更多地从孩子的角度来看，反思自己，总结原因，互相尊重地交谈才能真正缓解矛盾。

第五章

各种家庭类型的教育模式

第一节 独生子女家庭教育

一、独生子女家庭教育中的心理问题

（一）独生子女出现心理问题的表现

第一，生理、心理问题。生理、心理问题对独生子女群体的身心健康起着指示器的作用。它除了影响个体的心理状态以外，还会通过心身交互作用，影响个体的身体健康状况。独生子女在生理、心理问题上的主要表现为患上抑郁症和焦虑症等心理疾患。其原因在于独生子女在家里背负着父母的过重期望，同时在学校又承受着沉重的学业负担。刘松涛等利用在中学生群体中收集的症状自评量表（SCL—90）和艾森克人格问卷（EPQ）数据，表明独生子女在强迫症状因子、抑郁因子、焦虑因子、偏执因子和精神病性因子的得分上均显著高于非独生子女。与此同时，独生子女也更容易出现头晕、胸闷、胃部不适等身体上的不适症状。

第二，人格障碍问题。该问题主要表现为个体的性格特点或行为特点，明显地偏离了正常的人格模式，如偏执型人格、依赖型人格和强迫型人格等。凌辉等采用人格诊断问卷对大学生人格障碍情况进行调查，结果显示，独生子女组在偏执型和依赖型上的阳性率显著高于非独生子女组。独生子女的偏执型人格主要表现为"以自我为中心"的幼稚心理，习惯于享受优待。范存仁等学者通过分析西安市小学生的调研数据得出如下结论，独生子女比非独生子女表现出更强的"以自我为中心"，具体表现为好支配别人、事事都要别人听从自己的，以及嫉妒别人。依赖型人格主要涉及独生子女对父母及长辈的过度依赖，从而缺乏自信和独立自主的能力，而且这种依赖通常表现为情感和物质上的双重依赖。强迫型人格的产生主要是由于父母对子女的严格管束，从而在生活中缺乏自主性，而且为了规避父母的惩罚，满足父母的要求，在做人、做事时谨小慎微、反复思索，这也使他们经常陷入紧张和焦虑的不良情绪中。

第三，人际关系问题。人际交往能力弱是独生子女群体被广为诟病的心理健康问题之一，主要表现为由于自卑、自傲、嫉妒等因素导致的社交恐惧症，并最终使其在处理人际关系中扮演被动的角色。高志方认为，部分独生子女因为在家庭里受到父母的过度关注，所以在家庭之外的情景中容易出现不合群、胆怯以及无法与他人和睦相处的问题。此外，部分独生子女在幼儿时期缺乏与同龄孩子一起生活的经验，在交往中不懂谦让，其他孩子不喜欢与他们玩耍；而且他们自身会产生嫉妒心理，也不愿与其他孩子一起游戏，最终在人际交往中处于一种孤立状态，难以形成与发展良好的同伴关系。博汉农（E. W. Bohannon）甚至提出，独生子女需要通过假想中的朋友来弥补他们社会交往中的缺乏，并列举了在幼儿园观察到的孩子假想自己的朋友的实例。

第四，适应不良问题。该问题主要表现为独生子女在面临环境转换时，出现的心理和行为上无法适应的状态。适应不良问题的产生源于两个方面：一是在成长过程中缺乏锻炼，从而导致适应能力缺失；二是父母对独生子女心理健康问题的疏忽，导致独生子女情感未得到满足而产生不安全感，从而导致无法适应陌生的场景。郑磊等利用中国西部农村抽样调查数据，考察了独生子女和非独生子女的心理适应性，结果表明，出生在较小规模家庭或独生子女家庭的儿童，其心理适应性水平显著偏低。李志等收集的大学生数据显示，大学生中的独生子女虽然在学习上的适应能力较强，但是在学习方法和对待考试的态度上表现出较非独生子女更不适应的特点，而且更多地感到生活不如意，承受挫折能力比非独生子女弱。

（二）独生子女的心理畸变的成因

首先，对独生子女心理健康问题发挥影响作用的环境因素，主要包括其生活的家庭、学校和社会环境，而且这种环境因素的影响相互作用，并最终在家庭环境中得到集中体现。家庭环境是导致独生子女群体出现心理健康问题的直接因素，与非独生女子群体相比，独生子女群体因为"独生"，不受家庭规模和出生次序的影响。因此，独生子女群体在家庭中由于缺乏兄弟姐妹的同胞体验，会表现出与非独生子女群体截然不同的心理状态和行为风格。此外，和非独生子女相比，独生子女会获得更多的家庭资源，从而更容易被娇惯，进而形成专横和依赖的性格。

其次，学校环境是连接家庭和社会的桥梁，是个人能否成功实现社会化的重要环节，学校对学生的影响主要体现在其评价体系中。目前，学校教育将学业成绩作为评判学生是否成功的唯一标准，加之父母对家庭中唯一的孩子施加过多的期望，从而使得独生子女极易出现心理或精神上的迷茫、情感上的焦虑，以及行为上的不良。

最后，人的心理状态与特定的时代背景和社会环境息息相关。因此，独生子女的心理健康问题往往有着较为明显的时代特征，这也可以解释为什么不同时期关于独生子女心理健康问题的研究往往会得出截然相反的结论。就脱胎于计划生育政策的中国第一代独生子女而言，其父母多半成长于物质和机会匮乏的年代，因而遭受外部压力的父母自然会将自身的焦虑传递给他们唯一的孩子，甚至将孩子视为实现自己理想的工具，不断地满足子女物质上的要求，最终导致独生子女的人格异化。与之相对应的是，第二代独生子女出生在物质丰裕的时代，但部分独生子女因家庭破碎，与父母长期分离，以及受多元开放文化的负面影响，使其缺乏归属感，一旦遇到不良诱惑或不良影响，极易产生犯罪心理和犯罪行为。

家庭教养方式主要涉及父母及其他抚养人在抚养和教育孩子的过程中形成的一种方法和形式，具有相对稳定性。具体而言，与独生子女心理健康问题相关的不当教养方式主要包括溺爱型、过度保护型和否定干涉型三种。1996年，中国城市独生子女人格发展现状与教育研究报告显示，上述错误的家庭教养方式占比依次为30%～74%、26%～62%、27%～62%。

溺爱型教养方式的特征，主要就是对子女的过分关爱乃至包办代替，这也是独生子女家庭中最常见的问题，尤其是当前我国出现的隔代抚养问题，使独生子女的心理健康问题出现不同于传统家族主义、家庭主义的特殊心理机制,尤其是瓦解了父母与子女之间的关系。对于受到过度关爱和包办代替的独生子女而言,行为能力受到限制,故而独立性较差,成为一个有着较多依赖心的人;而且逐渐形成"以自我为中心"、占有欲较强的性格,最终表现为责任感和同情心的缺乏。

过度保护型的教养方式主要源于独生子女的唯一性,使得父母对孩子百依百顺、娇生惯养,从而缺乏应有的严格教育。独生子女的父母总想减少孩子的痛苦,避免令孩子不愉快的事情发生,无论什么都由着孩子的性子去做,生怕引起孩子的不满,从而使孩子成为家里的"霸王",最终形成任性和蛮横的性格。父母的过度保护,使孩子在成长的过程中,失去试错和尝试的机会,因而孩子的社会适应性以及耐挫折程度会受到不利影响。

否定和干涉型的教养方式,主要体现为对孩子学习、生活和交往等方面的严格限制,而且当孩子的行为和表现偏离家长设定的期望或目标时,就会受到批评和责骂。因为父母在年轻时遭受过挫折,所以将孩子视为自己实现个人理想的工具。

这种现象在第一代独生子女的父母中表现得尤为突出,最终使独生子女在心理表现中出现两个极端:一极是缺乏主动性,另一极是具有对抗性。特别值得关注的是,环境和家庭教养方式对独生子女心理健康的影响具有时代性、地域性和交互性的特点。时代性表明,不同历史时期会对应不同的社会背景,从而对独生子女的心理健康产生迥异的影响;地域性则进一步指出影响独生子女群体心理健康的因素,在不同的地区或国家发挥的作用并不是完全一致的;交互性则主要体现在不同的环境因素以及环境因素与错误的家庭教养方式之间,可能会同时对独生子女群体的心理健康问题产生影响。

二、独生子女家庭教育存在的问题

(一)家庭教育不够理性

独生子女家庭和多子女家庭存在一定的差异性。在多子女家庭中,家庭教育有重新调整的机会。如果第一个孩子的家庭教育不成功，那么还有机会在下一个孩子身上重新进行。可独生子女家庭就不存在这样的机会，其家庭教育机会有且只有一次。家长殷切地盼望着孩子能够成材，如果他们的家庭教育不成功，家长就会觉得所有的希望都落空了，直接影响家庭的和睦。

目前，这种家庭教育不理性的行为主要表现在父母对独生子女的期望过高。从古至今，孩子都是父母的心头肉，父母对孩子有无限大的包容性，同时也抱有很大的期望。尤其是独生子女家庭，他们在家庭中的地位更是无人能比，父母可以包容他们任何的缺点，同时也对他们寄予厚望，甚至有些"厚望"已经超出了孩子自身的能力。这也从侧面反映了父母对孩子的家庭教育过于盲目，不够理性，出现一些荒唐的现象：即使家庭的经济条件一般，也会满足孩子的各种要求，孩子要什么，父母就买什么；当孩子和伙伴发生争执时，父母百般呵护自己的孩子，并不指出孩子的过错……这些行为都违背了孩子身心发展的规律。当前，家长对独生子女的考试成绩尤为关心，大多数家长认为只要得高分，就一定能成材，分数几乎成了衡量孩子一切的标准。因此，一些家长为了督促孩子提高分数，会实行奖惩制度，当分数高时，就多发放零花钱；相反，当分数低时，就会少发放或者不发放零花钱。甚至还会出现父母打骂孩子的情况，这也促使孩子为了提高成绩想尽各种办法：考试作弊、改分数等，这无疑会对孩子培养正确的人生观和价值观带来不利影响。

随着改革开放的发展，社会竞争日趋激烈，这种激烈的竞争不单单存在于成年人之间，也对独生子女的教育起到一定的影响。父母为了让孩子赢在起跑线上，不顾孩子喜欢什么，出生不久就给孩子报各种兴趣班，书法、画画、写作、钢琴等，希望孩子学得更多，会得更多，将来得到的更多。有的父母甚至把自己未完成的愿望强加到孩子身上，希望通过孩子的努力替自己完成心愿。不可否认，父母的这些付出可以积累孩子的知识储备，开发他们的智力；但学习的内容过多也给孩子带来了精神压力，导致道德教育的相对不足。这些都不符合人类自身的发展需求，也不符合社会对现代人才的发展要求。

（二）家庭教育内容不够全面

目前，我国大多数家庭的教育观都是希望子女成材，认为成才的必经之路便是通过努力学习提高分数。因此，不少家长围绕着如何高效地学习来教育孩子，这也体现了家庭教育内容的单一性、片面性，具体表现如下。

1. 忽视对独生子女集体意识的培养

在独生子女家庭，孩子没有兄弟姐妹，每天陪伴他们的只有长辈和不会与之交流的玩具，这也使得他们缺乏集体意识，不懂得互帮互助、团结友爱和共同分享。加之长辈的过度溺爱，长此以往，会让独生子女养成孤僻、自私和任性的品行。

2. 忽视对独生子女的道德培养

目前，许多家庭不重视孩子兴趣爱好、思想道德素质的培养，他们给孩子灌输的是一种只有学习好才是硬道理的思想。放假对于孩子来说，只不过是换个环境学习而已。父母不鼓励孩子参加学校组织的文体活动，不参加社会实践活动，并以"浪费学习时间""耽误学业"为由，把孩子禁锢在家里，让孩子面对写不完的作业和习题。

3. 忽视对独生子女独立生存能力的培养

改革开放以后，人们的生活水平逐渐提高。在独生子女家庭中，父母更是把最好的都留给孩子，对他们的照顾无微不至。不少父母不让孩子走进厨房帮忙做饭，孩子的脏衣服更是由父母全包。无论是学习中还是生活中，孩子遇到困难，都是父母走在最前面。这就造成独生子女缺少自主意识和劳动观念，进而具有较差的独立生存能力和适应社会能力。

4. 忽视对独生子女身体素质的锻炼

当代社会物质资源丰富，不少父母为了让孩子过得好一些，在物质上充分满足孩子的要求，只要听到某某品牌的营养品有助于孩子的发育，无论价格多贵，都会不遗余力地购买，这种盲目消费造成了孩子的营养过剩，"肥胖儿"也屡见不鲜。加之父母很少让孩子参加活动，只是让其一味地学习，缺少体育锻炼，因此这些孩子并不健康。

（三）家庭教育方法不够科学

为了让孩子金榜题名，学有所成，家长用尽各种教育方法，其中也存在一些不适当的方式。比如，现在的独生子女家庭中，父母承包了孩子几乎所有的劳动，穿衣、整理书包、洗袜子等，他们为孩子提供过多的关心和帮助，致使孩子离不开父母的照顾，对父母有很强的依赖性，自理自立能力较弱。

又如，父母打骂孩子，他们平时不注重方式方法，出现问题只会用暴力解决，仍然信奉"棍棒底下出孝子"的古训，认为父母永远是对的，孩子永远是错的，孩子只能服从父母的命令，按照父母的安排做事，不能对父母说"不"。这种行为只会压抑孩子的想法，让孩子产生和父母对立的情绪。

再如，有的父母以工作为重心，对孩子的学习和生活不闻不问，认为满足孩子的物质生活就是对他们最好的支持，学校才是教育孩子的地方。当孩子出现问题时，父母首先想到的就是学校教师没有教育好，很少从自己身上找原因，这也导致了孩子对父母的不满。

还有一种错误的教育方式是有些父母经常用"别人家的孩子"来教育自己的孩子，不但不称赞自己孩子的优点，甚至拿别人家孩子的优点和自己孩子的缺点相比较，甚至在外人面前数落自己的孩子，这不仅伤害了孩子的自尊心，更会让孩子产生逆反心理。

三、独生子女家庭教育对策

（一）从环境入手改变家长的教育观念

家长是构成子女成长环境的重要因素，解决家庭教育问题时首先要解决环境问题，即家长的教养方式。从生态学的角度去看待家庭教育的供给问题，就会发现当某种物质匮乏又没有替代品，或当物质富余又不加以节制时，就会对主体本身产生一定的限定。比如，现代家庭中往往更多地关注孩子智力的提高，报名参加各种兴趣班、学习班，而忽略孩子道德品质的发展及性格的培养。当家庭中出现一定的限定因素时，就需要根据富足和缺乏的成分来进行调整。

1. 调整心态、端正认知

家长需要调整心态，具备理性的爱。爱是相互的过程，需要有互动的呈现。子女在这样的环境中能真正明白爱是互动的，爱是需要表达的。家长要根据自身的家庭状况和子女的性格特点给予深刻的爱，让子女在成长的过程中理解爱的真谛。

2. 调整教养方式

首先，家长要在教育投入上有理性、客观的认识及分析，教育更多的是一个可持续发展的过程，需要滋养式、浸润式的投入，不可以拔苗助长。心理学上的"罗森塔尔效应"即"人际期望效应"，是一种社会心理效应，是指教师对学生的殷切希望能戏剧性地收到预期效果的现象，这种效应的滥用在家庭当中表现为家长对子女的行为抱有一种美好的期待，在通过类比等方式发现效果与期待并不吻合时就会产生挫败感。

其次，生活方式的调整和教养方式的选择是十分重要的方面。生活中的教育更多的是言传身教，民主型教养方式和权威型教养方式的关联在个体的成长过程中，具备不同的效果。所以，作为父母需要给子女营造相对和谐美好的家庭氛围，注重家庭教育中的情感教育，使独生子女在家庭中作为主体体会到在家庭这个小单位中积极向上的生活能带来正向的体验，要认识到除了文化课程以外，父母也同样关注自身为人处世的能力，从更多的角度理解生活，更好地融入社会。

（二）从主体入手改善子女的家庭生态

1. 协调家庭因素，避免生态失衡

生态位是生态学中一个十分重要的概念。在生态学中，生态位指的是在整个生态系统中，某一个物种和其他物种相关联的特定时间、空间位置及功能地位。成长依靠一个恰当、适中的生态位。放眼家庭中，子女作为家庭的主体，兄弟姐妹的数量，年龄的差距，家庭教养的方式、条件及教养愿望都会成为生态位的影响因素。当各影响因素都在其正常范围内和谐相处时，作为主体的子女就能获得最佳生态位。反之，当各种因素之间互相冲突或者发生干涉时，就会引起主体生态位失衡。比如，在家庭教育中，父母对子女的期望较高，但是家庭条件有限，子女的生态位就会呈现更高的一般性即泛化体现；当子女数量增多而家庭条件有限时，家长作为资源的提供者，如果出现不公对待，就可能导致子女之间的发展不均衡。换言之，当家庭供给处于十分富足的状态，而更多的资源对应的又是单一的个体时，个体发展的持续性会被切断，这种环境下的子女在成长过程中会更多地从自身角度出发考虑问题，养成以自我为中心的习惯。

2. 增强子女竞争性，提高共生力

增强竞争性可以从控制供给入手，当资源过于丰富时，作为主体的子女对于资源的利用需要有行之有效的方法，而大部分家长作为供给方很难隐藏或减弱他们的爱和关怀的给予，所以可以通过增加竞争者来分解独生子女的中心意识。比如，将子女送入教育机构等团体，在众多同龄人中分化个体的自我意识。另外，可以借助家庭之间的联合活动来增强子女之间的竞争性，可以经常以家庭为单位组织活动，使子女之间有更多的交流合作及沟通的机会，促使其了解自身在整个社会环境中的位置。还可以通过家庭资助等方式，将外来人员以不同的方式带入家庭，使子女在整个家庭环境中得到同等对待，也可以化解有可能产生的个体自我性发展。

第五章 各种家庭类型的教育模式

第二节 "二孩"家庭教育

一、"二孩"家庭教育父母面临的问题

(一)子女养育人手不足

在诸多家庭教育难题中,子女养育人手不足成为"二孩"家庭中最突出的问题和必先应对的挑战。在家庭教育支持体系初步构建的背景下,"二孩"的到来给原本紧张的家庭教育生态带来人手缺乏的现实压力。有限的母亲哺乳期、产假无法满足"二孩"养育的人力需求。父母不仅在抚养教育子女上投入更多的时间与精力,还要承担照顾老人的责任,面临工作停滞或职业发展机会错失的巨大压力,家庭教育呈现顾此失彼的态势,大部分"二孩"家庭教育中依赖非母亲的帮助得以实现,尤其是爷爷奶奶、亲戚朋友、月嫂保姆或托幼机构人员来弥补家庭教育的人力匮乏。在社会层面,0~3岁公共托幼服务机构数量有限,服务体系不健全,"二孩"家庭教育主要依靠母亲来实现。为稳定家庭经济收入的持续性,大部分母亲不得不在工作、"二孩"的照料、家庭生活及孩子教育等4个方面同时付出极大的精力,才能确保工作和子女家庭教育不被耽误。多重压力之下,父母的主观幸福感随着人力不足导致的家庭冲突增多而降低。对孩子来说,父亲在家庭教育中的缺失,对建立与父亲形成良好的信任关系形成障碍。

(二)生育成本高

"二孩"家庭一方面要承担长子女教育及生活用度,另一方面又要保证"二孩"高昂的育儿成本及逐年增加的教育费用。孕期营养、医疗分娩费用、育婴期幼儿生活及早期教育支出、幼儿园、小学、中学正常教育培养费

用与日俱增，如果将保姆月嫂、住房改善及健康医疗开支计算在内则形成高额支出，父母就会不得不压缩家庭中的其他开支以应对养育两个孩子的直接经济成本，家庭经济能力成为影响生育二胎的重要决定因素之一。全面"二孩"政策给国家教育投资形成巨大压力，在政策实施初期，配套政策和措施不完善，家庭教育的巨大投资只能以家庭为主要承担者。"二孩"家庭经济压力对儿童家庭教育生态环境造成直接影响。有限的家庭收入限制了儿童物质需求的范围，节衣缩食影响了孩子尤其是长子女的心理平衡。"二孩"家庭中，母亲为获取足够的日常必要生活物质保障而奔波，极易产生疲惫、挫败、焦虑、怨恨和绝望的情绪，导致家庭矛盾增多，影响幼儿健康人格和社会性情绪形成，对幼儿健康成长构成潜在风险，进而影响夫妻关系和亲子关系的健康发展。家庭经济条件受困中的儿童更易遭受饥饿、疾病、寒冷、安全、营养、卫生医疗保健、教育等基本生存保障不足的风险。因此，充分的经济保障是"二孩"家庭教育顺利实现的压舱石。

（三）母爱分配失衡，亲子情感出现危机

幼儿社会化的纽带离不开良好的亲子关系滋养，亲情是维系家庭关系最基本的情感生态基础，是家庭教育的纽带。建立在血缘和共同生活基础上的亲子关系，依靠父母与子女之间的相互影响和良性互动。幼儿社会性发展从早期家庭情感的积累向后延续，逐步认识自己，与身边个体、自然及社会各种关系建立联系。亲子关系表现为父母与子女日常生活中的相互依靠、情感交流和物质交往行为，在婴幼儿期主要体现在对母亲的依赖性更强，以极强的情感亲密性为基础来影响儿童的身心发展。

"二孩"家庭亲子关系出现更加复杂多样的关系与矛盾，其根源是孩子间对母爱分配失衡而引发的矛盾。"二孩"家庭中的亲子矛盾主要是由孩子间对母爱的争夺引发的。父母要同时建立4种"一对一"的亲子交流（父子1、父子2，母子1、母子2）和两种"一对二"的双向交流，并兼顾兄弟姐妹间融洽相处的调适，难免会顾此失彼。儿童发展的阶段性和年龄顺序决定了"二孩"家庭父母将较多注意力转移到养育年幼孩子的身上，这样年长孩子对父母亲注意力转移的异常行为感受明显，形成阶段性危机感；父母内心的公平在家庭教育实践中被更多关注"二孩"的行为替代，年长孩子因爱的缺失会出现情感封闭等心理失衡问题，表现出短期内与父母情感交流疏远或各种隐性对抗行为，故而形成亲子矛盾。年长子女爱的丧失及孩子间对母爱的争夺，表象上是母亲和孩子相处时间的减少，本质源于母爱在孩子间分享不均。原本属于年长子女独享的家庭生活资料、情感关爱、教育资源等家庭生活全部被分享，使得年长孩子对母亲的不满延伸到对弟弟或妹妹的不理睬或者情绪化报复行为，亲子矛盾呈现出多样化。

"二孩"家庭亲子矛盾更多源自母亲精力被稀释。母亲认为年长子女年龄较长、自理和独立能力较强，于是将抚养和照料"二孩"变为家庭教育重心，被"冷落"的长子女对父母关爱减少产生的缺失感明显而真实。为了吸引父母对自己的关注，长子女采用多种对抗行为，如不吃饭、装可怜、装病、找借口不去幼儿园或学校、刻意讨好父亲、奉承巴结或者更愿意亲近爷爷奶奶、在与弟弟妹妹日常相处中争夺抢占行为增多、自愿分担家庭事务表现冷淡、学习注意力分散、违规行为频发等。如果短期内亲子矛盾消解不够及时，长子女容易认为父母存在偏爱，导致良性心理发展形成阴影。有些亲子矛盾会随着父母对长子女的关注度增多和需求得到满足而逐步消失，有些会隐形累积，影响其成年后的性格。

（四）长子女的心理问题突出

因父母投入大量精力照护幼小子女而忽略了长子女的成长，给长子女心理上带来不安全感，对父母产生不信任感，亲子关系平衡被打破，极易给长子女造成心理问题。

父母因子女养育压力增加产生的焦虑，影响到家庭生活各个层面，对长子女的心理变化及情绪波动无暇顾及，造成长子女同母亲之间原有的亲密度和信任度被打破，产生自闭情绪。一方面，长子女因家庭核心地位逐渐被弟弟妹妹取代而紧张、压抑、焦虑、孤独，内心生成被忽视和遗忘的失落感，存在嫉妒弟弟妹妹的心理；另一方面，长子女对如何做哥哥姐姐、认可弟弟妹妹的出现并学习共同相处需要不断地进行心理调适与磨合。然而受困于精力不足，"二孩"心理需求存在被父母忽视的情况，由此形成家庭教育的负面影响因子。

二、"二孩"家庭教育存在问题的原因

（一）父母存在问题的原因
1. 教育文化水平高低不同

父母的教育文化水平会在很大程度上影响父母双方是否采取正确合理的育儿方式。受教育文化水平高的父母比较注重营造民主和谐的家庭氛围，经常使用积极、民主的方式教育子女，从而有利于孩子自信心的建立和独立性的培养；同时，文化修养水平高的父母能较准确理解子女的真实需求，注重运用恰当的方式与子女进行沟通，能够遵循个体的身心发展规律，给予孩子合理的教育期望；对子女的发展评价更加客观、合理，能尽可能减少对子女心理成长造成的伤害。反之，文化修养水平相对较低的父母在这些方面则可能存在较多的不足，容易对子女的身心健康成长造成消极影响。

2. 时间精力有限

快速发展的现代生活节奏，生活压力增大，尤其是"二孩"家庭的父母丝毫不敢懈怠。二胎子女的到来，使经济负担增加，迫使父母只能更加卖力工作。父母白天勤勤恳恳工作，工作之余更得抽时间带两个孩子，还得搞家务，以及处理各种家庭琐事，势必会让上班族的父母身心疲惫。再加上二胎子女比较小，父母难免对两个孩子的照顾、陪伴方式有所不同，照顾完二胎子女已经精疲力竭，还得照管头胎子女，父母会因此出现不耐烦、态度不好等情况。

3. 父母教养方式不当

父母教养方式是指父母在养育、教育子女的过程中显现出来的一种比较稳定的行为趋势，也是其教育理念、教育情感的综合表现。科学合理的教养方式将对儿童个性品质的形成产生积极作用。日本心理学家认为，家长如果

对子女的教育运用民主、合理、宽容以及非干涉型的方式，子女就会表现出积极乐观、待人友好、具备领导力等个性品质；如果家长采用专制型、干涉型、溺爱型等不合理的教养方式，儿童就会出现情绪不稳定、适应力差、依赖性强等个性品质。

采取不同的教养方式将对子女的行为产生明显的差异化影响。民主型的教养方式更有利于儿童社会化程度的提高。正确、科学、合理的教养方式将对儿童社会化的发展具有性格养成、情绪疏导和行为规范等作用。

我国的父母教养方式现状主要表现在：家庭结构不完善，重视孩子生理需求、忽视其心理需求，重智力教育、轻品德教育，家长对孩子过于溺爱、包办子女的人生等。在"二孩"家庭里，若父母之前对头胎子女的教养方式存在问题，那么二胎子女到来后还是会用教育头胎子女的方式教育二胎子女，"二孩"家庭教育就会产生并一直存在这些问题，而且可能愈来愈严重。

4. 缺乏与孩子的情感交流

情感交流是指父母通过一些特殊的身体语言（如抚摸、拥抱等）以及孩子能领会的情感语言（如微笑、注视、欣赏等）进行的一些独特的情感上的交往。父母在与孩子相处的时候，务必注意自己的行为举止和情感表达，尤其不要吝啬赞赏和鼓励。成年人对儿童发自肺腑的微笑，真诚的赞赏和肯定，会对其产生极大的鼓舞作用。因为儿童和成年人一样，想要从他人那里获得对自身行为及价值的肯定，尤其是与自己最亲近的人的认可。同成年人一样，在儿童的内心，也希望自己被关注、被认可、被爱、被尊重。在"二孩"家庭里，弟弟妹妹没有到来之前，头胎子女是爸爸妈妈的手中宝，享受父母全部的爱。随着二胎子女的到来，头胎子女难免会受到冷落和忽视，感觉自己的地位一落千丈，看到父母围着二胎弟弟妹妹转，头胎子女在家里感到孤独。有的头胎子女甚至被送到爷爷奶奶家去，使头胎子女更是感到痛苦和不幸福。如果父母此时忽略了头胎子女的情感需要，就会使头胎子女心理产生较大的波动，进而可能引发其他不当的行为等。

（二）头胎子女存在问题的原因

针对研究结果中头胎子女身上存在的问题，本小节运用学前教育专业相关理论来解释存在这些问题的原因，具体有以下四点。

1. 幼儿典型的自我中心性

皮亚杰的儿童认知发展阶段理论将儿童的认知发展按照年龄划分为四个阶段：感知运动阶段（0~2岁）、前运算阶段（2~7岁）、具体运算阶段（7~11岁）和形式运算阶段（11~16岁）。头胎子女一般为2~10岁，大都处于前运算阶段和具体运算阶段。此时，他们的思维已具有符号性，主要通过表象和言语来表达内心世界及外部世界。但他们的思维依然是非逻辑性的、直觉性的，且具有明显的自我中心性。自我中心性是指还不能把自己与外界事物清楚地进行辨别，只能以自己的视角去认知和顺应外部世界，不能换位思考。

原本家里只有一个孩子，头胎子女在成长过程中，"集万般宠爱于一身"，没有与别人分享、竞争的经历。孩子容易认为全家人都得以自己为主，不自觉地形成以自我为中心的人格特点。

当二胎子女到来后，头胎子女的优势地位一落千丈，再加上如果父母不能正确地引导头胎子女坦然地接受二胎弟弟妹妹的到来，那么头胎子女就会产生相应的问题。

2. 不安全亲子依恋关系的影响

依恋，是指婴儿与其抚养者（母亲）之间存在的一种特殊的情感关系。它主要在婴儿与主要抚养人的相互作用过程中产生，是一种情感上的联结纽带。埃斯沃斯（Ainsworth）的陌生情境试验将婴儿的依恋关系分为三种基本类型。

（1）安全依恋。此类婴儿与母亲在一起时能安心地做活动，并不一直依赖母亲。母亲离开后婴儿可能会苦恼；当母亲回来时会即刻想和母亲接触，能很快地恢复情绪，并继续从事刚才的活动。

（2）不安全依恋、回避型。此类婴儿在母亲离去时，不会表现出紧张或忧郁。当母亲回来时，不理会母亲、忽视及逃避与母亲接触。

第五章 各种家庭类型的教育模式

（3）不安全依恋、反抗型。这类婴儿对于母亲离开的事实，情绪变化比较强烈、激动。当母亲回来时，既寻求与母亲的接触，又表现出强烈的反抗，不能继续做活动。

不同依恋类型的研究对象会对二胎子女的来临做出不同的反应。例如，当母亲将更多的精力放在照顾二胎子女身上时，有些头胎子女会表现出消极抵触的情绪，而且会表现得非常苦恼、大声吵闹、强烈反抗，从而对二胎弟弟妹妹产生"仇恨"。当母亲回到头胎子女身边时，其对母亲的态度又是矛盾复杂的，内心既想与母亲接触，行为上又表现出抗拒接触，这就是"反抗型依恋"，是一种消极的依恋关系。

3. 对父母不恰当行为的模仿学习

社会学习理论，主要阐述人是怎样在社会环境中学习的，主要代表人物有Bandura，其于1971年提出该理论。他认为，人的行为（尤其是复杂行为）主要通过后天获得。行为习得有两个不同的过程：一个是直接经验的学习，即通过反应的结果直接获得学习行为的过程；另一个是间接经验的学习，指通过观察示范者的行为而习得行为的过程。社会学习理论强调的就是这种观察、模仿学习的过程。

在多子女家庭中，年龄较大的孩子主要以父母作为学习的榜样，而年幼的孩子则以父母和兄弟姐妹作为学习的榜样。有研究表明，在多子女家庭中，几乎所有年幼的子女都会将关注点集中于哥哥或姐姐身上，并与他们相互产生作用。尤其是在2~10岁，兄弟姐妹间的相互影响是深远且持久的。

古人认为，子女不良行为的形成在于长辈的榜样不良，而不在后辈。颜之推在《颜氏家训》中说："失风化者，自上而行于下者也，自先而施于后者也。……你不慈则子不孝，兄不友则弟不恭。"意思是说，上行下效，先有父母的行，后有子女的学，父母不能以身作则，子女自然受其影响而学坏。儿童最擅于效仿他人，家长则是其模仿的对象，儿童通过观察与模仿习得父母的言行举止。有些本就是独生子女的父母，因工作忙碌等原因，将其子女托付给祖辈照料。在孩子的眼里，爸爸妈妈是祖父母、外祖父母的中心，头胎子女也就理所当然地认为自己也是全家人的中心。头胎子女独享了家里所有人的爱，习惯了被家人全方位地照顾。二胎弟弟妹妹的突然到来，让他们倍感不适，感觉周围的一切都变了，就连最亲近的爸爸妈妈也变了，他们自然无法接纳弟弟妹妹。

4. 幼儿安全感和归属感的缺失

美国心理学家马斯洛提出"需要层次理论"，将人的需要划分为：生理需要、安全需要、归属与爱的需要、尊重需要和自我实现需要等5个层次。人重要的心理需要即"归属与爱的需要"，"归属感"是指个体认同自己所在的群体，并认为自己也被群体肯定、认可和接纳，隶属于这个群体。

"归属感"和爱的需要是人类的基本需要，孩子对归属感与爱有着强烈的需求，而这正是来自父母。阿德勒认为，"想要了解儿童的某一特定行为，就必须先了解儿童完整的生活经历。儿童所经历和参与的每一项活动都是他整体生活和完整人格的表达，不了解儿童行为中隐藏的生活背景就无从理解他正在做的事情。我们将这一现象称为儿童人格的统一性"。

"二胎"政策放开之后，随之带来的一些问题或许并没有引起一些家长的警觉，那就是长子女的心理问题。在没有弟弟妹妹之前，长子女是家中唯一的孩子，一家人都围着自己转，让他（她）感到自己就是宇宙的中心。弟弟或者妹妹出生之后，家庭成员将注意力转向了二胎子女，对长子女的关注度自然会下降不少。在这种情况下，长子女或许就会做出一些比较出格的行为来——在家里用令人讨厌的方式给家庭制造各种麻烦，在学校里也会做出一些出格的行为，让大家都不得安生。表面上看，长子女的性格特征因为弟弟或者妹妹的到来发生了很大的改变，其实他（她）所做的这一切，具有内在的统一性，就是为了重新找回家中只有他（她）一个孩子时所处的地位，让自己成为家庭的焦点。如果我们只看到孩子当下表现出来的行为，没有联系他（她）的整个生活背景去考察，就不能发现其行为背后隐藏的秘密，要对他（她）实施正确的教育也就非常困难了。

三、"二孩"家庭教育对策

（一）对父母的建议

1. 提前预判二胎子女到来前后的各种问题

如今的父母普遍没有养育两个孩子的生活经验，所以普遍缺乏对此问题的重视度和预判度。二胎子女的到来，必然使父母手忙脚乱。自然不自然地在认知、态度、行为及情感方面产生一些问题，相应地，也会使头胎子女在这四个方面发生变化。若父母对自身和头胎子女出现的问题视而不见，不能够准确地理解头胎子女的内心想法，那么在养育两个孩子的道路上就会遇到更大的困惑，也会影响两个孩子的健康成长和整个家庭成员之间的和谐。所以，作为父母来说，如果想要生育二胎子女，就要提前做好准备工作，以及对二胎出生前后可能带来的各种问题有一定的应对措施。可以多了解其他"二孩"家庭出现的一些普遍问题，当自己和头胎子女产生类似的问题时，耐心引导头胎子女接纳二胎子女到来的事实。

2. "二孩"父母自我提升学习，运用科学的教养方式

首先，要求家长自身具备较高的家庭教育素养，同时运用科学的家庭教养方式。父母应该在原有的家庭教育水平上继续学习，不断完善和提升自己的知识结构和育儿能力。其次，父母还应该运用科学的教养方式养育两个孩子。严于律己，为头胎子女和二胎子女做好榜样示范作用，和孩子平等沟通，了解孩子的心理特点，多用赞赏鼓励，采用民主型的教养方式教育两个子女。只有不断地自我学习和采用科学的教养方式，才能源源不断地获取新的知识，提升父母的教养能力，适应"二孩"家庭教育的需要。最后，父母可以通过浏览书籍、上网学习、收看亲子家庭教育类的电视节目，以及多与他人交流等多种途径，并且多反思、多总结，以促使"二孩"家庭教育取得成效。

3. 关注孩子的心理变化，均衡好陪伴子女们的时间

弟弟妹妹的出生、家里人（尤其是母亲）对头胎子女的态度变化，导致头胎子女的心理变化非常敏感。以前头胎子女是全家人的中心，二胎弟弟妹妹的到来改变了一切，家里人更多地关爱着幼小的弟弟妹妹，心理落差难免较大。再加上头胎子女年龄较小，心理发展不成熟，不能理解父母对自己的变化为何如此大，所以在情绪、行为等方面表现异常是可以理解的。总的来说，这是缺乏安全感的具体表现，认为爸爸妈妈没以前那么爱自己了，表现出爱的缺失感以及落寞感。在打算要二胎子女之前，父母就应尽早和头胎子女商量，耐心引导头胎子女正确认识弟弟妹妹到来的真正意义。二胎出生后，父母要对头胎子女多加关爱，积极与其进行沟通交流，允许孩子表达自己的想法。

此外，父母应合理均衡陪伴照顾两个孩子的时间和精力，刚出生的二胎宝宝更多的是吃和睡，所以母亲可以多分配一些时间和精力陪伴头胎子女，让其感受到即使二胎弟弟妹妹到来，父母对他（她）的爱也丝毫没改变，保障孩子有足够的安全感。让头胎子女与母亲保持以前的亲密关系，相信他（她）会很好地适应这个特殊时期。

4. 多和子女们进行情感交流，创建融洽的家庭环境

2~10岁的孩子在道德认知体系上主要处于"唯利是图"阶段，即"前道德阶段"和"他律道德阶段"。此阶段的孩子主要以自我为中心，如果弟弟妹妹的到来威胁到了自己原有的地位，就要捍卫自己的权利，这是基本的生物求生反应。头胎子女在得知父母想要生育二胎子女后，可能会出现一些反常的举动，此时父母就需要与孩子进行平等对话，真诚地进行交流，了解头胎子女的真实想法，帮助头胎子女正确认识二胎弟弟妹妹到来的意义。除了言语沟通以外，还可以运用一些肢体语言，比如，给头胎子女一个拥抱，摸摸他（她）的头，让他（她）在你的怀里依偎一会儿，也许他（她）前一秒还在埋怨父母和二胎弟弟妹妹，下一秒就多云转晴了。其实孩子很容易得到满足，他（她）只是需要父母的肯定与认可。当二胎子女稍微大一点儿时，也要对其进行相应的情感沟通，最好能够当着两个孩子的面一起交流，让他们相互认识到爸爸妈妈对他们的关爱和期望。在家庭中，家庭成员之间也要给孩子创造一个融洽和谐的家庭环境，各成员之间互相关爱，协调好家庭成员之间的关系，营造良好的家庭氛围。让头胎子女在健康快乐的家庭环境中成长，有利于塑造子女正确的价值观。

（二）对头胎子女的建议

由于头胎子女年龄较小，各方面发展不成熟，所以对于头胎子女提出的一些建议需要"二孩"父母的帮助和有效引导。具体建议有以下四点。

1. 选取喜好的形式，认识自己扮演的角色

对于孩子来说，如果把一件复杂艰难的事情换成他们喜欢的方式，那么他们肯定会乐意接受。面对"二孩"家庭教育中遇到的问题，可以让孩子观看与之相关的动画片、玩过家家的游戏、提供一些绘本故事书等方式，帮助其建立哥哥姐姐的角色意识。父母在打算要二胎子女前，可以用头胎子女喜欢的，以及易于理解接受的方式给孩子做一些思想铺垫工作。让头胎子女觉得每个人都应该有弟弟妹妹，拥有弟弟妹妹是让别人羡慕的事情，而且自己可以担当起与父母一起照顾弟弟妹妹的任务。头胎子女对二胎子女不喜欢，主要在于未认识到二胎子女不仅是自己的玩伴，更是自己血缘上的至亲，所以没有照顾二胎子女的意识。家长要从小锻炼头胎子女参加一些力所能及的家庭活动，带领头胎子女一起参与到照顾二胎子女的活动中，培养头胎子女主动做家务的积极性，让头胎子女认识到自己也可以为这个家作贡献。父母可根据头胎子女的表现给予其一些奖励，这样更能让头胎子女产生荣誉心和快乐感。

2. 多和异龄或"二孩"家庭的子女交往

蒙台梭利的"混龄教育"思想指出，当面对比自己年龄小的孩子时，年龄较大的孩子更倾向于与弟弟妹妹分享心爱的玩具，在发生矛盾时也更多地选择礼让。而年龄较小的孩子在与哥哥姐姐的交往过程中，理解力、观察模仿力都获得了一定的发展。同时，随着孩子年龄的增长和周围环境的变化，其个体角色也在不断地发生变化，这种变化能够让他们不断适应和接受新的角色。在蒙氏混龄班里，异龄的孩子间互帮互助、共同学习、团结合作，可以明显看出，异龄孩子之间的相互交往学习将会促进彼此向更好的方向发展。

同伴是儿童成长过程中不可或缺的人际交往对象，在与同伴交往过程中，儿童能学会认识自我、认识真实的社会生活，是儿童社会化的重要过程。在多子女家庭中，儿童最好的伙伴是同胞兄弟姐妹，兄弟姐妹之间的行为交往让儿童潜移默化地学会了照顾关爱他人、分享、协调、团结以及解决人际冲突的能力。所以，家长在打算生育二胎子女前，可以让头胎子女多与异龄的孩子和"二孩"家庭的子女交往，让头胎子女体验到有弟弟妹妹的生活乐趣，唤起头胎子女的责任意识。

3. 树立良好的心态，积极面对生活

父母应注意自己的言行举止对子女各方面发展产生的影响，时常与子女进行积极的沟通交流，客观地评价子女的发展，帮助头胎子女养成良好的心态，积极面对生活中的意外。面对二胎子女的到来，父母在努力调整好自身心态的前提下，也要注意头胎子女此时的心态是否发生变化，只有及时对头胎子女的情绪波动给予有效干涉，才能避免头胎子女产生心理阴影。二胎子女的来临势必削弱父母照顾头胎子女的时间和精力。不要觉得头胎子女还小，他们能深切地感受到父母的变化，所以头胎子女的心态极易受到父母的影响，若一时无法理解父母的态度和行为，就会沮丧、悲伤，甚至伴随攻击行为。帮助头胎子女树立良好的心态，认识到父母对他们的爱一直都在，只是换了一种形式而已，同时也要引导他们接纳拥有弟弟妹妹的事实。父母自身积极乐观的情绪表达也会让头胎子女潜移默化地受到影响。总之，务必给予头胎子女足够的陪伴，这样他们的安全感才会一直都在，进而积极乐观地面对生活。

4. 亲自感受生命体的美丽成长过程

父母可以带孩子去逛逛花卉市场，让孩子挑选一些自己喜欢的动物或植物，并且告知他们要对这些动物或植物负责，必须亲自照顾它们。让孩子亲自去照看这些动物或植物不仅是帮助他们认识观察，更重要的是让他们参与生命成长的美丽旅程，让他们用行动去关心爱护每一个生命体，培养孩子做一个有爱心、有善心的人。这也是为头胎子女迎接弟弟妹妹的到来做一个铺垫，帮助爸爸妈妈一起照顾弟弟妹妹，让他们体验生命成长的神奇。

第三节　隔代家庭教育

儿童时期是人成长发展的重要阶段，甚至对人成年后的生活起决定性作用，然而祖辈却由于种种原因不能给儿童成长提供良好的资源和环境。由此，政府高度重视隔代监护带来的家庭教育问题，也采取了诸多措施，像支持随迁子女就地入学，鼓励外出务工父母返乡创业、就近就业以及逐步推行的城乡户籍制度改革，为减少农村留守儿童数量，缓和隔代家庭教育问题创造了有利的政策条件，也取得了一定的实际效果。

近年来，国内隔代家庭教育的现象越来越普遍，其具体产生的原因也是多种多样的。首先，从大的社会环境角度来看，当今社会女性更加解放与独立，越来越多的女性进入社会工作，绝大多数家庭的孩子都是其父母双方都在上班。这样，父母就很少有时间照顾和陪伴孩子，繁忙的工作也消耗掉了父母大部分的精力。这时候就急需长一辈的亲人来帮助照料孩子。通常是爷爷奶奶或者外公外婆来帮助分担照顾孩子的事务。而且随着"二孩"政策的开放，很多家庭都养育了两个孩子，这样父母在孩子的抚养、陪伴和教育等问题上更是忙得不可开交，急需长辈的支持与帮助，故而形成了现在的隔代教育现象。其次，孩子的亲生父母由于离异、亡故等一系列意外情况，无法抚养孩子，致使老人只能负担起照顾、教育孩子的责任。再次，年轻的父母心智尚不成熟，贪玩，喜欢自由，而且缺乏育儿经验，所以将幼儿送去老人处抚养以减轻自身的负担。最后，由于"隔代亲"，老人主动要求抚养孩子，也让孩子成为自己的一种陪伴，以享晚年天伦之乐。

一、农村隔代家庭教育现状

我们要知道，老人拥有着更加丰富的生活经验，尤其是在带孩子方面，当孩子生病或遭遇其他问题的时候，他们更清楚如何去做。有些年轻的父母在孩子出现问题比如生病时，就慌了手脚，但是大部分的祖辈，因之前自己带过孩子，所以并不会慌手慌脚，祖辈这种处理问题的方式在潜意识中会给孩子带来更多安全感，同时也给年轻的父母带来更多的安全感。另外，在生存压力作用下，年轻的父母很容易将工作中的情绪带回家，给孩子带来一定的心理压力，而祖辈家长心态比较平和，有一颗童心，这就容易与孩子建立融洽的感情，给孩子提供一个相对宽松的心理成长空间。

在隔代家庭中，孩子的父母一定要跟祖辈多沟通，发挥祖辈带孩子优势的同时，也可以尽量避免一些问题的出现。因此，在祖辈带孩子之前，孩子的父母一定和祖辈的教育思想统一，这就需要两代人坐下来进行必要的协商，制定可行的教育规范以及家规，同时也要给孩子自由独立的成长空间。另外，两代人要达成统一共识，不能一个惩罚、一个护着，这样相互拆台容易使父母在孩子心目中的威信丧失，不方便以后父母对孩子的管理。父母一定要切记，不管多忙，都要抽时间跟孩子在一起，不要完全把孩子的抚养权和教育权交给祖辈，完全交出抚养权和教育权是一种极其不负责任也不正确的行为。祖辈在教育孩子时，一定要用理智控制感情，不要溺爱，控制爱的程度，溺爱对孩子的性格养成是极其不利的，过分溺爱和迁就，容易使孩子养成自私自利、任性等不良性格，同时遏制孩子独立能力和自信的发展，让孩子变得更加娇气。

（一）新时期农村隔代家庭教育的利弊分析
1. 有利因素

祖辈在抚养孩子方面有丰富实践经验。在农村隔代家庭教育中，祖辈往往在抚养和教育孩子方面具有丰富的社会与生活经验。长期生活在农村的老年人普遍拥有充足的时间来看管和抚养孩子，相较于疲于赚钱、经常需要外出工作的年轻父母，老人具有更多的教育时间。祖辈对孩子的身体情况、营养摄入等方面常出现的问题较为敏感，能够及时凭借自身多年养育子女的实践经验和丰富阅历，采取相应的处理方式。加之留守在农村的老年人基本与社会上的激烈竞争环境相脱离，与面临较大生存压力的农村年轻父母相比，农村老年人的心态更加平和。并且由于受到"隔辈亲"的影响，祖辈容易与孩子建立和谐融洽的关系，从而为农村隔代家庭教育的落实奠定良好的基础。

有助于解放父母的时间精力。新时期背景下，农村隔代家庭教育能够使许多农村年轻父母在时间、精力等方面获得一定的解放。如某些乡村由于进行了精准脱贫，乡村经济得到极大发展，常年外出打工的父母对孩子的影响日益减小，爷爷奶奶成为留守儿童家庭教育的主力军。在祖辈的帮助下，外出打工的年轻父母可以在一定程度上从抚育孩子的辛苦中解放出来，能够有更多的时间和精力投入自己的工作与事业。与此同时，父母将孩子交由祖辈照看并为其提供一定的生活费等补贴，由农村中的祖辈对孩子进行家庭教育。在此过程中，孩子如同桥梁和纽带一般将农村老人与其子女紧密联系，可以在满足老人享受天伦之乐需求的同时，增进老人与子女间的情感，营造和谐的家庭氛围，为孩子的健康成长提供良好的条件。

传承中华民族传统美德。农村隔代家庭教育还有利于在潜移默化中完成对中华民族传统美德与优秀传统文化的传承和弘扬。相较于年轻的农村父母，农村老年人往往在思想观念、生活习惯、行为举止等方面拥有更多的传统文化与传统美德，他们能够在对孙辈言传身教地进行家庭教育的过程中，使孩子接受中华优秀传统文化的熏陶。孩子学习老一辈勤俭持家、艰苦朴素等精神，能够更好地传承和弘扬中华优秀传统文化。

2. 不利因素

祖辈自身文化水平低，教育能力明显不足。在绝大多数农村，老一辈人缺乏较高的文化水平与综合素养，几乎没有老人掌握英语、思想政治等专业学科知识，因此难以为孩子在学习方面提供专业、有效的指导。

教育理念有偏差，教育关注普遍较弱。当前，农村老人大多缺乏正确的教育理念，对孩子的教育关注也普遍较弱。出现这一问题与网络在农村的逐步普及，许多农村老人开始沉迷微信、快手等网络交流方式有关。农村老人对网络的依赖丝毫不逊于年轻人，网络让他们能随时随地了解外面的世界，开阔眼界。但值得注意的是，虽然在网络的推动下，他们的思想与现代文明接轨，但网络的介入也让他们开始将更多的注意力转移到虚拟的网络世界，而忽略了孩子的教育。

心理健康教育少，影响孩子全面发展。缺乏对孩子心理健康的教育是新时期农村隔代家庭教育中存在的另一大问题。由于大部分农村老人本身文化水平较低，在孩子文化教育方面的指导与教学已经十分吃力，因此其不仅欠缺对孩子心理健康教育的重视与关注，也缺乏专业的心理健康教育能力。

二、信息化背景下隔代教育的影响

由于隔代祖辈的知识水平和教育观念以及思想受到传统观念的束缚，难以与时代同步发展，也受限于其身体综合素质的降低，接受新生事物的能力也比较差，因此会影响到孩子的创新培养。特别是，在当今信息化时代，各行各业都发生了翻天覆地的变化，传统的技能和理念已经难以适应当前的教育方式与社会环境。信息化水平较低的老年人，自身生活都面临种种困难，更加难以运用现代新科技、新方式来教育孩子。而当前无论是课程知识还是学校教育方式，大都需要用到计算机和互联网知识，比如，远程网络教育，而祖辈很难在这些方面对孩子起到帮助和监督作用。信息化水平相对较高的老年人，也大多仅限于一些操作简便的新媒体应用，如微信、快手、抖音、唱吧等，而这些新媒体应用很容易让人上瘾，再加上老年人对这些新科技持有好奇心，更容易沉溺于这些新媒体，继而在隔代教育过程中忽视了对孙辈的教养。

Quest Mobile的相关数据显示，抖音短视频新用户中，年龄在46岁以上的占比由2019年3月的13%增长到2020年3月的14.5%。同时，Quest Mobile相关数据也显示，银发人群在2018年12月使用移动互联网的时长约为118小时，也就是每天近4个小时，同比增长20.7%，短视频的使用时长是所有人群中同比增幅最大的，老年人正在逐渐被短视频控制。此外，根据腾讯应用宝发布的《老年用户移动互联网报告》，50岁以上的老年用户下载次数超过平均比例的前100款App中，有5款都是直播社交类App，其中就包括抖音。短视频应用的老年用户数量正快速增长。2018年12月，我国短视频用户数量就达到了6.48亿人；2020年3月，我国短视频用户数量更是达到了7.73亿人。微信的官方数据也显示，2017年9月，55岁以上老年活跃用户数为5000万人，同比增长5.51倍。这些数据都反映出，新媒体应用越来越受到老年用户的青睐，也会由于隔代教育而间接地对孙辈产生影响。老年群体的手机使用者不断呈现扩大趋势，而且他们周围的孙辈玩手机游戏的现象比较普遍，越来越多的儿童成为"低头族"。

同时，随着信息化的快速发展，微课远程教育也逐步崛起，已开始深入我国中小学教学实践中。《国家教育事业发展"十三五"规划》提出，要鼓励教师利用信息技术提升教学水平、创新教学模式，形成线上线下有机结合的网络化学习新模式，综合利用互联网、大数据、人工智能和虚拟现实技术探索未来教育教学新模式。这无疑对家庭协助教育的能力有了更高的要求，祖辈很难参与其中进行辅导和监督，信息化将进一步加深对隔代家庭教育的影响。

三、隔代家庭教育的改进策略

（一）帮助老人增加教育知识

孩子的父母可以帮助老人接触一些新鲜事物，了解当下社会与教育的形势，增加科学育儿的知识，潜移默化地为老人灌输先进的、现代化的科学育儿思想。老人的思想应与时俱进，了解并且尊重儿童成长的规律，将爱与溺爱进行区分，慈严并施，改变陈旧的教育思想，为儿童的健康成长提供有力保障。家长可以多参加一些培训班，多多学习了解儿童的心理以及育儿的方法，处理好亲子之间相处与交流的方式，并且勤于学习和探索，对家庭教育方法进行合理改良。

（二）家庭与邻里、社区共同营造良好氛围

对于留守儿童的父母双双出去打工，不得不在祖父母或外祖父母家抚养的这种情况，当地的街道与社区应该多加重视，多多关心隔代教育的家庭。在平时多策划举办一些邻里之间的交流活动，互相分享育儿技巧，答疑解惑，积极开展活动，增加大家的互动与交流。这样可以使儿童经常参与集体活动，避免形成自卑内向的性格，使孩子更具有集体主义精神，更加有参与感和存在感，性格也更加活泼开朗。在交流过程中，还可以增进邻里感情，并且增加老人对孩子教育方面的知识。

（三）增加交流，形成统一的教育观念

父母应该多与孩子进行交流，增进感情。同时，父母与老人之间的交流也是必不可少的。如果两代人之间的沟通出现问题，在教养孩子的观点上存在差异，则会给家庭造成很多矛盾，也无法对孩子起到很好的教育效果。父母在管教孩子的时候，祖父母或外祖父母在一旁护短，纵容孩子，为孩子找理由开脱，这样不仅无法达到很好管教孩子的目的，而且会使孩子养成娇纵任性、推脱责任的习惯。

老人应将教育的主导权和决定权交回到父母手上，帮助父母树立起教育的威信。父母与老人之间只有形成统一的认识与统一的教育模式，才能帮助儿童形成正确的观念，养成良好的习惯。

除此之外，家长应与学校教师之间加强沟通，了解孩子在学校中的表现情况和存在的问题，并进行及时处理和纠正，使家庭、学校形成统一的、综合的、立体式的教育网络。父母、老人与教师统一教育思想，共同推动孩子进步，同时维护家庭和睦。在和谐环境下长大的孩子，心理会更加积极健康。

（四）父母在教育中占有主导位置

父母是孩子的第一任教师。孩子的童年只有一次，是非常宝贵的，而且孩子的童年对其一生的影响是非常大的。父母应当主动肩负起陪伴孩子和教

第五章
各种家庭类型的教育模式

育孩子的重任。孩子的童年时期是形成其人格和心态的重要阶段，在此阶段父母应当重视孩子的心理健康发育，充分认识父母对孩子成长的重要性，多多陪伴孩子，经常进行亲子之间的游戏互动，多与孩子沟通，并给予孩子足够的温暖与信任，让孩子在充满爱的环境下长大。这样孩子的心理发展会非常健全，在走上社会后，会更加自信，在遇到困难时会有坚韧不拔的信念与决心。

孩子在幼年成长的过程中受到父母足够的照顾，可以使亲子关系更加亲密融洽，孩子在长大后与父母的沟通也会更加顺畅，这样孩子就不太会感到孤独和自卑，在人际交往方面也会很顺畅。

父母的陪伴可以使孩子的童年变得温馨快乐，使孩子的性格向着活泼开朗、阳光友善的方向发展。

在教育问题上，父母要与老人默契配合，应尊重老人的意见，同时要协调好双方对待教育问题的分歧，充分利用隔代教育中的优点，并且父母也要肩负起教养的责任。

老人虽然有充裕的时间照顾孩子，但这并不能成为父母忽视孩子教育的借口。父母的教育在孩子的成长中起到的作用是巨大的，是远超出隔代老人的，所以父母在教育中的主导位置不能动摇。

第四节 留守儿童家庭教育

一、留守儿童家庭教育的现状

在儿童成长的重要时期,不仅需要学校在其中发挥教育的良好作用,教会学生各种知识,培养学生的良好素养,以及应对问题的方法,还需要家庭教育发挥引导作用,但是对于留守儿童而言,他们面临的家庭教育却存在各种各样的问题。

(一)监护人责任不到位

对于儿童而言,父母是其最主要的监护人,但是为了获得更好的生活,农村青年放弃祖辈从事的农业生产活动,再加上地域间发展的不平衡,青年人多选择远离家人前去务工。父母作为监护人在儿童成长的重要时期不在儿童身边,责任无法落实到位,而隔代的祖父母或者外祖父母在家庭教育中往往以溺爱为主,孩子提出的要求都尽量满足,这很容易使孩子养成骄纵的坏毛病,无法对形成健康心理起到良好的作用。而且老人年纪大了,身体容易生病,在照顾留守儿童的时候力不从心,一旦老人生病,留守儿童在兼顾学业的同时还要照顾老人,无形中加重了儿童的负担。父母不在身边,亲戚并不能对留守儿童多加管教,有的儿童因为监护人责任缺失而产生逆反心理,受到社会不良风气的影响,做出危害社会的行为。

(二)亲情沟通缺失

外出务工的农村青年大部分在外地忙于自己的工作,一年中回家的时间很短,有的甚至几年才回一次家,留守儿童对父母非常陌生。虽然现在网络发达，QQ、微信等社交工具能够及时沟通交流，但交流的方便并不能代替父母在身边一言一行的教育和影响。父母远在他乡，代替的是年迈的爷爷奶奶或者是并不很熟的亲戚，儿童在面临一些事情时无法及时有效地将自己的苦闷说出，父母离开的时间越久，对孩子越陌生，每年短暂的回家时间也不可能对孩子有全方位的了解，沟通上的缺失无形中成为父母开展家庭教育的屏障。

（三）教育方法不得当

留守儿童的父母在外务工，就把教育的所有责任推在了学校身上，但学校教育在儿童成长的过程中只能发挥一部分作用，想要帮助儿童形成健康的心理，家长的监督和引导是必不可少的。

在实际调研中发现，大部分留守儿童的父母采用的教育方法十分粗暴，或以金钱诱惑其考试得高分，或以斥责、打骂儿童成绩不合格，这样的教育方法在一定程度上打击了儿童的自信心，也给他们的成长带来了阴影。有的父母本身文化程度不高，将金钱作为人生的重要目标，并不懂得教育的重要性，甚至让孩子辍学打工。

二、家庭教育方式对留守儿童的影响

在儿童成长期，对儿童必须要有全面周到的呵护，家庭教育需要对儿童的身体、认知以及心理等方面进行积极正确的引导，以帮助儿童健康快乐成长。当前，农村留守儿童经历的家庭教育方式对他们有着不利影响。

（一）安全问题严重

近几年，有关留守儿童的安全问题日益凸显，父母在儿童成长环境中的缺失，使得留守儿童的安全极易受到威胁。性侵事件、溺亡事件等留守儿童的安全问题频繁出现，无一不昭示着家庭在留守儿童安全中的缺失。除此之外，留守儿童在家庭中缺乏有效的约束，很容易受到不良社会风气的影响而学坏，再加上儿童涉世不深，没有明辨是非的能力，遇事容易走极端，和同学产生矛盾容易带来不良影响。比如，近些年一直被媒体报道的校园欺凌，成为儿童健康成长的重要问题。父母不在身边，当儿童面对一些问题时，只能在心中默默消化，久而久之会逐渐形成心理阴影，最终导致留守儿童自杀问题的出现。

（二）心理健康问题频现

儿童的健康成长不仅包括身体的健康，还包括心理的健康。在社会高速发展的同时，人们注意到心理健康对成年人很重要，对未成年人更重要。科技的发达使人们的生活更加快速便捷，无处不在的互联网使各种各样的信息即时传递。父母远在外地，为方便和留在家中的孩子交流，多会选择让孩子较早接触手机和互联网，但又对其缺乏有效的监督，这就导致留守儿童肆无忌惮地在互联网中遨游。由于儿童对各种信息缺乏甄别能力，再加上现在网络上的信息十分庞杂，导致儿童心理问题频现，这对他们的健康成长十分不利。

而且，留守儿童正处于人生成长的重要阶段，也是其对世界、社会和人生形成重要认知的关键阶段，家庭教育的缺失，安全问题的严重，社会不良因素的影响，一个又一个问题的出现，不断加重他们的心理负担，抑郁、暴躁、叛逆等心理健康问题不断出现在留守儿童身上，给我们敲响了教育的警钟。

（三）学习态度问题凸显

大量的农村留守儿童被父母留在家乡，他们的日常教育也被家长全权交给学校，但在成长的过程中，未成年人需要家庭教育和学校教育一起发力，家庭教育在孩子成长过程中的缺位对孩子的发展显然是不利的。留守儿童因为父母不在身边，学习上完全靠自觉，自制能力较好的孩子能够在课余时间按照教师的要求自觉完成学校布置的学习任务；自制能力较差的孩子没有父母在身边的监督，很容易贪玩、懈怠，学习态度的不端正使得学生的成绩变差，对未来的学习带来不良影响。有的父母还存在"读书无用"的想法，父母的想法影响了孩子，孩子自然而然就会对学习产生厌恶心理，最终退学。

三、解决农村留守儿童家庭教育问题的现实路径

（一）增进沟通交流，拉近亲子距离

家庭不只是人们身体的住处，更是人们心灵的归宿。亲子之间的沟通交流是化解家庭矛盾的重要途径，父母应托起肩膀上的重任，勇敢前行，化解难题，时常保持与孩子的沟通交流。虽然留守儿童不能和其他孩子一样经常享有父母的陪伴，但父母应准确把握良机，凭借现代通信手段如微信或者电话的方式每周与孩子谈心，及时知道孩子的心理变化特点，耐心倾听孩子的心声，在理解与体谅中帮助孩子度过敏感期，减少孩子的焦虑和压抑感，从而给孩子提供一个可以依靠又温暖的港湾。

家长还可以利用一些时间与孩子一起参加户外活动（比如旅游），去体验和感受大自然的美好，和孩子一起感受泥土的气息、鲜花的清香，这样既可以愉悦身心，丰富孩子的内心体验，还能拉近孩子与父母之间的距离，让孩子内心愿意与父母交心，促进子女形成积极的心理适应和行为规范，激发孩子改变自我的动力，增强孩子对家庭的归属感，让留守儿童用自己的所学、所思、所想，为优化家庭教育功能作出应有的贡献。帮助留守儿童在与他人交往中克服自我的近视和短视，树立待人处事的正确态度，为留守儿童的心智健康发展助力，不断提升其交际能力。

（二）塑造文明家风，更新家庭教育理念

良好的家庭教育不是让孩子成为事事听从父母说教的所谓"好孩子"，而是要给予孩子一定的活动空间，想办法让孩子做最好的自己。落实到具体生活中，就是要求留守儿童的父母有一颗平常心，用普通人的标准要求自己的孩子。

多数家长严格要求孩子的初心都是爱孩子，为孩子赢得一个看得见方向的未来。但我们必须明白，对孩子做出过高的要求不仅不能让孩子健康成长，而且会加重孩子的叛逆心理，走向父母的对立面。所以，在培养孩子

时，父母需要审时度势，静下心来多加学习家庭教育方面的知识和技巧，尤其是在这个新时代，各种事物更新换代快，父母更要学会摒弃一些旧有的观念，更新自己的家教观，了解和掌握适合教育孩子的方法，多用身边的鲜明案例来教育孩子。

时时刻刻重视良好家风建设，营造一个和谐的家庭环境，将孩子综合素质的培养放在家庭教育的核心位置，关注孩子思想政治素质、科学文化素质、身心健康素质的全面发展，而不仅仅关心孩子的学习成绩。

身体力行，保持平和心态，注重构建以孩子的积极力量和优势为出发点、以增强孩子的积极体验为主要途径、促成孩子积极品质形成的积极教育，形成多样立体的家庭教育方式。

主动将教育好孩子的意识转化为自己的切身实际行动，而不是把它看成一句照葫芦画瓢式的简单口号。身先示范，脚踏实地为孩子的发展谋思路、寻良策，从小开展亲子共同阅读活动，通过阅读让孩子沉浸在书籍的世界中去寻找梦想开始的地方，激发孩子智慧的火花，寻求精神上的慰藉。

通过这些实际行动给孩子树立优秀的榜样，让思想道德教育深入孩子的心灵，培养孩子高尚的道德情操和责任感，提高其思想道德素质。让孩子领悟提升自我的重要性，增强农村留守儿童发展完善自我的意识，从而汇聚成一股强大的内生力量，让留守儿童保持积极进取的心态。

（三）社会工作介入，促进儿童心理成长

社会服务组织对留守儿童家庭的帮扶，其中，志愿者力量、社会工作服务机构、公益机构、慈善团体等作为社会最积极的民间力量，一直以"助人、奉献"的姿态在广大农村活跃着。虽然近些年来，社会组织和团体对"三农"问题、乡村振兴、脱贫攻坚作出了不可或缺的重大贡献，促进了乡村面貌的改善，但对一些易忽视、长期性、问题具有隐藏性的领域如留守儿童家庭教育领域还存在看不到、重视不足的问题。

因此，为了适应我国农村社会发展的需要，社会各个团体和志愿者力量应该对留守儿童隔代监护的家庭及家庭教育多加关注，对问题严重的隔代家

第五章 各种家庭类型的教育模式

庭给予重点支持和帮扶。例如,社会志愿者组织可以通过设计"小候鸟进务工地""务工人员子女夏令营"等活动,在父母没有时间回家探望孩子的时候,组织带领留守儿童去父母工作的城市找父母,参观父母工作的地方,与父母吃顿饭、说会儿话等,增进亲子交流。

乡村振兴与农村脱贫攻坚巩固战略实施以来,各种经济组织、社会服务组织、基金会和志愿者团体等重要的服务社区力量便在中国广大的乡村活跃着,起着解决社区问题、帮扶社区发展、凝聚社区力量的重要作用,为乡容乡貌的改善和提升作出了突出贡献。

1. 社会工作介入留守儿童家庭教育问题的必要性

儿童的健康成长需要父母的关心,需要一个温馨的家庭环境;家庭层面的缺失,会给孩子的成长造成一定的影响,给孩子心理带来的创伤是无法弥补的。留守儿童接受的家庭教育缺少完善性,也会影响其社会化。随着社会问题的不断增加,社会工作呈现出多元化、全覆盖的趋势,留守儿童的家庭教育也成为社会关注的重点问题。

在社会工作专业的引导下,监护人对家庭教育会有全新的认识,并掌握符合孩子心理的教育方式。留守儿童的日常生活较为枯燥乏味,而社会工作的介入可丰富其生活,使其能够在丰富多彩的世界里快乐生活、成长。

留守儿童的家庭教育问题还需要多方面的介入,如政府部门。社会工作者应当呼吁当地政府加强重视度,并采取合适的措施来解决留守儿童家庭教育问题。在此过程中,社会工作者不仅扮演着参与者与实施者的角色,给予孩子在情感、物质上最直接的帮助,更是起到了有效的倡导与引导作用;倡导多个部门采取相应的行动来推动家庭教育水平的提升,引导孩子养成独立的性格,学会面对并克服所有困难。

留守儿童的家庭教育不仅仅是父母的责任,更是社会、学校的责任;只有各方朝向同一个目标推进,才能有效地解决问题。

2. 社会工作介入留守儿童家庭教育问题的可行性

社会工作本身就有着提供与配置资源、预防、复原的功能,并能够起到有效稳定社会的作用。在解决农村家庭留守儿童教育方面,社会工作者需要为其提供更多的资源，并将此类资源进行合理分配，确保其能够在复原上发挥出最大的效用，也就是调整孩子的思想道德意识、行为及学习上的错误行为，使其能够恢复到最初的状态，让社会功能更加明显化。

而预防功能是指从多个角度介入家庭教育，并采取合适的方式干预家庭教育及其影响留守儿童的主要因素，以防止问题持续恶化，造成难以收场的社会性问题。

根据实际情况来看，影响孩子思想及行为的主要因素是父母的教育方式不恰当。因此，社会工作者首先要改变父母的教育观念，指出其教育方式上存在的问题，并给予其正确、专业的指导，让父母对家庭教育的重要性有正确的认识，从而实现促进孩子健康成长的根本目的。而这种直接与间接介入的方式能够有效整合当前的社会资源，对现阶段留守儿童教育问题现状进行研究分析，将分析结果及时反馈到各部门展开社会性支持，进而在改善家庭教育现状过程中发挥最大效用。

3. 社会工作介入农村留守儿童家庭教育问题的方法

（1）个案工作方法。在农村留守儿童的家庭教育问题上，社会工作者起到了桥梁作用，既给予其资源上的支持，又给予其有效干预，提高家长的教育意识，让家长认识到家庭教育在孩子成长中的重要作用，从而在孩子社会化方面起到有效的推动作用。

个案工作方法顾名思义就是采取"一对一"的方式，针对现有的家庭问题运用专业知识进行专业性指导。首先是做好全面调查及分析工作，了解每个留守儿童的家庭情况，采用合适的语言及行为让孩子充分理解父母在外的辛劳，并养成自立自强的良好习惯。

留守儿童的心理承受能力相对较弱，心理防线较强，因此社会工作者在辅导过程中，应当尊重孩子的自尊心，认真聆听孩子倾诉的问题，让孩子感受到真诚的关心与帮助，采用合适的方式帮助孩子解决遇到的问题，起到教育保障作用。

（2）小组工作方法。开展小组工作方法的主要目的是通过社会工作者的协助，使参与小组的个人获得思想、行为、社会功能方面的改变。留守儿童

第五章
各种家庭类型的教育模式

的教育保障不单单是父母方面的问题,留守儿童群体、监护人、学校都会对此造成影响。因此,社会工作者可从多方面切入展开工作。

首先针对父母,可在父母节假日返乡期间组织相应的活动,通过传授专业教育知识以提升父母的实际教育能力,增强责任意识,使其能够重视孩子的身心健康发展,并鼓励父母多与孩子沟通交流,了解孩子的实际所需,给予孩子最实质性的帮助,密切与孩子的关系,以此提高家庭教育质量。

对于留守儿童,社会工作者可根据每个孩子的性格特点、地理位置等进行分类教育,并定期举办一些与兴趣、学习、人际沟通相关的活动,并鼓励每个孩子积极参与其中,以提高孩子的自信心、团队精神及互助精神,获得成就感与归属感,学会以正确的方式解决问题,促进个人能力及综合素养的提升。

对于父母务工时将孩子托付的看管人,也就是所谓的监护人,因其在孩子的成长中责任重大,社会工作者可联系监护人,并成立相应的监护人小组,定期进行宣传教育,将科学有效的教育及抚养方式教授给监护人,使其能够合理地抚养孩子。

对于留守儿童较多的学校,社会工作者可联合教师组建教育小组,共同探讨留守儿童教育方式,针对留守儿童的心理及行为制定相应的解决措施,并有效落实,鼓励教师加大对留守儿童的关心力度,让留守儿童感受到教师的真情实意,以增进师生感情,为后期教育工作的有效开展奠定坚实的基础。

(3)社区工作方法。留守儿童社区工作的开展不仅需要相应的资金支持,更需要社会各界人群的鼎力配合,并利用当前农村社区现有资源,为留守儿童建立相应的学习活动场所,如阅览室、体育馆等,为学生提供多种学习环境,丰富其知识,保障其课外活动时的安全。还可以借助媒体的力量,或者定期开展文化宣传教育活动,让社区内其他成员加强对留守儿童的关心与照顾,从不同层面给予其相应的帮助,为留守儿童营造良好的社会教育环境。

（四）增强父母家庭教育责任感

首先，外出务工的家长要转变"让孩子吃饱穿暖就行"的教育观念，纠正由于挣钱而忽视对儿童的心理情感、道德等方面的家庭教育，认识到儿童早期的家庭教育经历对于其健康成长的终身意义。

其次，多给孩子打电话，关注孩子的情绪，询问孩子近期遇到的烦恼并给予其安慰，有时间多回家，让孩子切实感受到父母对他们的重视。

最后，以法律如《中华人民共和国家庭教育促进法》的方式，让家长从法律意义上认识自己扮演的父母角色，履行家庭教育的责任。

父母教育是指父母在孩子的教育中承担主要责任。因此，隔代教育不等同于父母教育，也不能完全替代父母教育。隔代监护下，祖辈能够给孩子提供生活上的照料，一定的情感陪伴，但家长对孩子的成长陪伴，在其人生中占据主要地位。父母对孩子教育参与的不足，忽视对其情感和心理的支持，会影响亲子之间互相理解与认可，带来亲子关系的疏远，最终造成亲子情感隔阂。

一半以上的留守儿童一年才能和外出务工的父母见一面，并且大多是在过年的时候。在这种情况下，即使外出务工的父母重视对孩子的家庭教育，也意识到情感陪伴对孩子的重要性，但由于亲子相处时间短暂，父母对孩子成长能带来的影响也有限。

笔者在入户访谈中了解到，外出务工的父母会通过电话或者微信与留守在家的孩子进行沟通，并且更加关注孩子在学校的表现以及学习情况，如最近学校有没有考试、成绩怎么样、在班级的排名上升还是下降了……家长普遍缺少对孩子学习之外的情感关怀以及心理情绪变化的关注，这导致了子女不愿意甚至对接听家长的电话产生抵触心理和埋怨，亲子互动关系质量差。当遇到心理、情感问题的时候，这些儿童会选择闷在心里，逐渐导致亲子关系的疏远。

（五）加大监管力度，推进家庭教育现代化

适当的监管有利于促进农村留守儿童的学习成长，要借助网络信息技术

第五章
各种家庭类型的教育模式

探索有益的现代化家庭教育监管模式,深化家校合作,集聚多方力量,发挥家庭的教育功能,提升协同教养质量,以社会合力带动乡村教育发展,以快速步入学校、家庭、社会共育时代。面对农村留守儿童身上的问题,要做到以下几点。

首先,教师应与时俱进,不落后于时代的步伐,牢牢站在乡村振兴这一新兴大业的背景下,采用先进有效的方法对农村地区留守儿童进行定时、定点的跟踪,定期开展家访,一旦发现留守儿童出现的新问题,教师就要积极主动承担起"第二家长"的责任,给予留守儿童更多的精神鼓励,并且能够运用教学机制、有效地选择教育的切入点,正面引导留守儿童的负面情绪,着力指导他们正确地看待自己的家庭情况,激励他们主动超越现实,帮助他们树立坚定的理想信念,让农村留守儿童不仅学会学习、学会生活,还要学会做人,不断提升留守儿童的各项素质。学校各部门要重视农村留守儿童的关爱教育,培养留守儿童自立自强的良好品格,已经留守,不能再失守。因此,学校应该切实担负起管理和教育学生的职责,将农村留守儿童作为重点管理和教育的对象,积极联合起来开展丰富多彩的"手拉手"活动,调动留守儿童的积极性,使之主动融入班集体这个大家庭,通过这种活动让留守儿童敞开心扉,倾吐内心的困惑,让他们意识到改变自我的迫切性,摆脱沉溺手机游戏的泥淖,激发学习向上的动力。让留守儿童在春天的细雨中沐浴,在快乐的世界里成长。

其次,要团结各方社会力量,齐心协力助成长。社会对农村留守儿童的关注,不应只是因为留守儿童存在各方面的问题,还应该从全局出发,密切关注农村地区留守儿童的家庭教育,借助新媒体等现代化的传播信息渠道,通过舆论宣传方式在全社会营造一种关爱留守儿童的良好氛围,促进社会主义和谐社会的建立与发展。更重要的是,在新的背景下,每个村的实际情况具有特殊性,要从农村地区的实际状况出发,充分调动农村地区的积极参与性。村干部应发挥好带头作用,抓住疑难问题的关键,随时关注留守儿童的家庭情况,对本村的每个留守儿童开展实时调查和访问,及时掌握本村留守儿童的动态信息,对有严重问题的留守儿童开展教育疏导工作;村级组织还可以为留守儿童搭建一个专门的服务平台，利用周末空闲时间举办各种有益于身心健康的活动，通过组织开展各种活动转移留守儿童的注意力，放松其身心。

最后，政府要发挥积极作用，承担相应的职责。政府要结合乡村振兴战略的总要求制定各项政策，有效推进农村地区的振兴，把解决好农村地区留守儿童家庭教育问题作为乡村振兴的一道必解题。具体来说，政府要加快健全农村留守儿童关爱服务体系，引导社会各方力量关爱那些真正有需要的农村孩子。政府还要进一步完善和发展家庭教育法律法规，提升家庭教育能力，形成一个健全的家庭教育指导服务体系，为家长寻找教育方法、自觉践行家庭教育职责提供有利条件和保障。此外，政府可以适时地根据需要制定适当的优惠政策，鼓励农民工返回家乡创业，保障农民工的基本权益，为农民工营造一个稳定的就业环境。一方面，鼓励农民工返乡创业不仅能够保证农民工的生活来源，不断为乡村振兴增添活力；另一方面，能够为农村地区留守儿童弥补长久缺失的父母之爱，让他们真正体会到家庭的温馨，以此打造一个和谐融洽的大家庭，让留守儿童意识到父母的不易，自觉纠正自己以前的不良行为与认知，从而让他们在人生之路上实现一个又一个成长的突破与质变。

第六章

家庭、学校及社区的教育联动

第一节 家庭、学校及社区教育联动的必要性

一、学校教育、家庭教育和社区教育的内在关系

学校是指国家或个人对受教育者有计划、有组织地进行系统教育活动的组织机构。学校教育是对个人在学校实施的教育。学校教育的特点是有专业的人员、专门的机构、明确的方针、完备的系统、严密的组织、完善的计划等。它是以影响个体身心发展为目标的社会实践活动。学校教育承担着个体文化知识、道德准则、社会规范和价值观念的教育,是个体一生中所受教育最重要的组成部分,是家庭教育的延伸和加强。

家庭是以婚姻和血缘关系为基础的社会单位,包括父母、子女和其他共同生活的亲属在内。家庭教育是个体从胎教开始到成立一个新家庭后所接受的教育,是个体成长的最初教育,属于奠基性教育,通常是指孩子所受的来自父母的教育。

家庭教育的内容相当广泛,包括吃喝拉撒睡、说话走路、喜怒哀乐等基本生活本领,以及家庭劳动、社会交往、文化知识、人情世故等高等形式。家庭教育区别于学校教育和社区教育的是,既没有时间规定,也没有学业证书,只要不离开家庭,就要接受家庭教育。家庭教育与学校教育密切相关,没有良好的家庭教育作为基础,想依赖学校教育成才具有相当的难度。

社区是部分社会群体或社会组织在某一个领域汇集,进而形成一个相互关联的群体。社区教育是社会群体在社区范围内接受的提供个体素质和生活质量的教育活动。社区教育属于社会教育的范畴,是构建个体终身教育体系的途径,具有连续性、适应性、多样性的特点。从幼儿教育到老年教育,从文化教育到职业教育,社区教育在其中所起的作用是不可替代的,是家庭教

育和学校教育的必要补充。

二、家庭教育、学校教育与社区教育融合的可行性

（一）适应终身教育的发展趋势

终身教育是人一生中不断接受教育的过程，从幼儿教育到老年教育，满足不同年龄段的各类教育需求。家庭教育、学校教育及社区教育作为我国终身教育形态的重要组成部分，通过相互促进、相互融合的发展模式，推进着我国终身教育事业良好发展。

社区教育内容以实用性、灵活性、实践性为主，学校教育以理论知识为主，体现出系统性、统一性的特点。家庭教育不受专业理论与实践的限制，更多的实现方式是家长自主教育。

终身教育的深入发展，推动着家庭、学校与社区的联系与合作，结合社区居民的需求，学校为社区居民提供学校的教学设施和活动场地，加强课程资源建设工作，向社区提供专业人才资源与优质课程资源。社区与学校、家庭做好对接工作，实现社区与学校的教学场所、活动场地、课程资源、人才队伍双向开放与互动。社区教育与学校教育、家庭教育的有机整合，通过各类教育充分发挥各自优势的同时又相互补充，使教育形式呈现终身性，促进终身教育的良好发展。

（二）实现教育资源的优势互补

教育资源的普遍性，决定社区教育需要挖掘资源并充分利用才能实现教育资源的最大效益。在对家庭、社区、学校的教育资源进行整合时，需要充分认识到各类教育资源的优势，进而达到互享互补。

教育资源的共享立足于家庭、学校、社区建立良好的信任关系，打破家庭和学校之间的传统障碍，鼓励各级各类学校向社区开放优质教育资源，推进教育资源的建设与共享，为社区居民提供多种形式的教育服务。

学校与社区充分调动资源为家长提供教育指导服务和帮助，发挥社区教

育的独特优势，弥补家庭以及学校的家庭教育服务缺失。社区家庭教育的实行不仅能为家长带来正确的家庭教育理念，有益于改善家庭教育环境，还能促进家庭与学校相互协调发展，最后使家庭教育和社区教育再来支持和强化学校教育，社区发挥资源优势，整合社区内的物质资源、财力资源、人力资源、信息资源，提供具体可操作的实践指导。

通过构建社区教育、学校教育合作模式，实现教育资源的沟通衔接，整合教育资源，使教育资源效益最大化，丰富教学形式、教学内容，拓展教育功能与教学空间，提高社区人才培养的效益，体现三种教育合作的最大意义。

（三）满足多元化教育需求

各个地区社区教育的对象不同，因而教育需求具有一定的区别，这决定了社区教育形式与内容的多样化，也是社区教育个性化发展趋势的体现。家庭、学校、社区三种教育结合的过程以学习者的需求为主，为社区居民创造整体性、系统性的教育大环境，这表现出学校、家庭、社区在教育方向上的一致性，同时也表现出家庭、学校及社区对学习者的支持。

社区居民的教育需求与年龄、工作、学历程度、兴趣等因素密切相关，呈现出多样化需求形式，如安全教育、健康教育、智能手机使用、科普教育、技术培训等各个方面的教育需求。

通过促进家庭、学校、社区的有效互动，提供双向与多向服务，实现互联互通，如学校服务于社区居民，家庭与学校共同参与社区教育，学校依托于家庭等方式进行资源的有效配置，才能有效地满足社区居民的需求。家庭、学校、社区合作教育机制，通过掌握社区居民的日常学习需求，使社区教育服务更具针对性，如社区教育课程的有效建设、教育资源的合理整合、数字化学习资源的推进，都会成为影响社会群体参与度的主要因素。

第六章 家庭、学校及社区的教育联动

第二节　家庭、学校及社区教育联动的误区

一、学校、家庭、社区三方存在"共识不足"

共识是推进学校、家庭和社区"三位一体"联动教育持续深入发展的思想动力。但是，在实践中发现，在推动学校、家庭和社区形成合力的过程中，不同程度地存在三方"共识不足"的问题，影响了"三位一体"联动教育效力的充分发挥，具体体现在以下几个方面。

一是家长方面不愿参与学校教育。首先，受传统观念的影响，不少家长还停留在"教育是学校的事"的认识层面，并没有对参与学校教育表现出足够的热忱和兴趣。即使迫不得已参与进来，也多是迫于学校的压力，或是有一定的顾虑，鲜有积极主动参与者。有家长即使有兴趣参与学校教育，也由于缺乏一定的教育理念和教育知识，仅仅是将目光放在孩子的成绩上，对教师求全责备，停留在"我交了钱，你就要教育好"的认识层面上，没有认识到家长和教师其实是站在同一战线上共同负责孩子的教育工作。

二是教师方面不情愿家长参与学校教育。有的教师认为家长不懂教育规律，家长不仅没有能力参与学校教育工作，反而会时常给学校带来麻烦和干扰。这体现在当有家长走进校园，坐入课堂时，教师会因自我保护而产生不同程度的恐惧感，生怕自己作为教师的权威受到家长的威胁和挑战。有的教师认为，家长介入校内事务是在监督、挑毛病。这样就影响了学校与家庭在更深层次上的配合和协调。

三是社区方面没时间参与学校教育。一方面，虽然建立了一定的制度，但由于运作机制仍不完善，社区自身认为自己涉及的工作事务庞杂，没有时间顾及学校的教育事务，很难作为一个整体参与学校教育。另一方面，由于

城市社区存在人与人之间关系淡漠，很难形成一种社区内的合力，也在很大程度上影响了社区作为一个整体参与学校教育。

二、三方联动中家长的参与权利保障不充分

在我国，家长对于参与学校教育管理的意识和权利诉求较为缺乏，家长参与学校教育管理也缺乏有效的法律法规支持。虽然很多学校建立了类似于家长委员会的机构，但这种机构在家长参与学校教育管理方面发挥的作用很有限。实践证明，如果没有相应的法律法规作硬性规定，没有家长强烈的参与意识和权利诉求，家长委员会只是形同虚设，家长参与学校教育管理的权利将很难得到保障。很多时候，学校教师主动联系家长的目的并不是听取家长的意见，而是向他们提出学校的要求，要家长配合学校的工作。在学校管理中，很多家长并不清楚自己到底拥有哪些权利，更谈不上合理地使用和利用这些权利。

不少学校设立了家长委员会，但是在实践中发现，很多中小学、幼儿园中的家长委员会，只是"联谊会"，有的甚至只是摆设和工具，更像学校、幼儿园的附属品。还有的学校，家长委员会不是由全体家长选举产生并代表家长参与学校管理、维护学生权益，而是由校方指定家长委员，家长委员会的功能异化为主要为学校拓展资源，有时还代表校方来"说服"家长接受一些并不合理的规定。这种状况与对校长负责制的片面理解有一定关系。毋庸置疑，校长负责制的实施，极大地提高了学校运作的行政效率，但许多地方单方面强调校长负责制，在一定程度上削弱了学校民主监督机制的有效运作，挤压了本来就很狭小的家长参与学校教育管理的权利空间，使得改革中出现的家长委员会，或有形无实，或远离真正的学校管理事务，在没有相关政策以及健全机制的支持下，很难发挥实质性作用。

三、三方开展合作交流的路径较为单一

由于家庭、社区甚至很多学校没能充分认识到"三位一体"联动教育的价值和意义,导致很多活动流于形式,仅停留在应付和敷衍的层面上,而且合作形式不够多样,交流路径也比较单一。在具体的家校协作教育实践中,经常出现只有在学生出现问题的时候,教师才单方面通知家长到学校来交流情况的片面"家校沟通"。在这种情况下,教师和家长都很被动,很难形成所谓的"教育合力",反映出学校在与家庭的沟通配合方面存在着几个方面工作的"缺乏"。

一是缺乏计划性。在实际工作中,许多学校缺乏家校合作的整体计划,甚至没有将此项工作纳入学校工作日程,使得校、年级、班级各层面的家校合作难以相互配合。有的学校,年级、班级往往是因为年级主任、班主任认为有必要召开一次家长会了,就将家长一个个通知到学校,实际是因年级、班级有了问题才想起了家长。即使是已经开展的活动,也往往缺乏活动记录,更不谈家校合作方面的经验总结。在这些目的性不强、准备不足的活动中,要想收到有利于教育的效果,往往难以如愿。

二是缺乏互动性。家校合作应该是家长与学校、教师在活动中相互了解、相互配合、相互支持的过程,即双方需要互相交流、沟通,这才是家校合作的前提。但在实际活动中,教师对家长大都采取简单的灌输方法,由教师讲如何去做,只有单向交流、缺乏双向对话。比如我们常见的一种合作形式——家长会,基本上是校长讲、教务主任讲、年级主任讲、班主任讲、任课教师讲,这种形式已形成固定模式,如同报告会一般,家长被动地听,没有发言的机会,其效果也是微乎其微。

三是缺乏平等性。在很多学校中,家校活动处处以学校为中心,以教师为主导,只考虑学校、教师的需求而不照顾家长的需要,活动的时间、地点只考虑教师的便利,家长只有被动地接受。有的教师认为家长是不懂教育规律的,没有发言权,家长到学校只是为了了解孩子情况,教师处处高人一等,致使许多家长到学校后诚惶诚恐,生怕说错话得罪教师,在整个活动中

处于不平等的地位。

四是缺乏连贯性。家庭、社会参与学校教育有利于教育教学水平的不断提高，有利于教育事业的发展，但在实际教育工作中，许多学校并没有把家校合作活动正式纳入学校整体教学工作计划，而是想起来了或是有事了就去做一做，或者仅固定在一个学期开学时，致使其活动在时间上断断续续，在活动内容上缺乏前后呼应。家长无法找到活动规律，也就无法找时间与学校进行沟通，在活动中获得的教育知识也就零零碎碎、不成系统，无法从根本上形成一套相对完整的家庭教育观念、知识、方法体系。可以说，这种零碎活动的开展很难达到双方配合的目的。

四、学校与社区的合作尚处于较浅层次

学校是社区中最具文化影响力的重要阵地，对于增强社区的文化氛围，提升社区文化品位具有很大的促进作用。社区可以利用自己丰富的资源，为学校教育注入强大的新鲜血液，提升教育的活力和社会实践性。但与家庭和学校的合作一样，一些地区的社区和学校合作，停留在表面形式阶段，没有真正发挥应有的积极作用。就每个学校而言，在开放的项目上以硬件资源为主，如体育场馆、图书室、教室、计算机房，软资源的开放多是以教师为社区居民开设讲座的方式进行。但大多数学校仅仅是按照上级教育行政管理部门的要求和指示来开放资源，处于一种被动的状态，难以结合学校和社区的特色，主动挖掘吸引社区居民资源开放的内容与方式，使得学校与社区的合作仍处于较浅的层次，难以发挥更大的教育效果。

社区教育是学校教育与家庭教育融合发展的重要形式和途径，以社区居民的教育需求为出发点，充分发挥优势资源互补，提供优质的学习资源及活动场所，从而提升社区居民综合素质以及社会生活质量，营造良好的学习与生活环境。从社区教育发展历程来看，与学校教育、家庭教育合作共育的机制已成为新趋势，使学校教育从相对封闭的状态逐渐走向开放状态，加强家庭教育、学校教育与社区教育的合作与互动，丰富各类教育内容，实现教育

第六章
家庭、学校及社区的教育联动

资源的合理配置与有效整合,为终身学习体系建设提供有效互动的教育资源平台。

在终身教育理念背景下,社区教育不断强化与学校的密切联系。社区和学校合作共育机制是双向互动机制,双方通过共享优势资源、整合优质资源,使资源发挥最大效益,形成稳定的协作机制。社区为学校提供各类资源,如校外学习资源及场地、教育培训、心理健康教育培训等。社区依托学校,为社区居民提供活动场地、体育场地、电子图书资料等。社区内的各类学校、社区大学应与社区教育中心发挥带动作用,为社区教育资源提供多方互动合作机遇,实现各类教育资源的互享。

目前普遍存在的家庭隔代教育、家庭教育观念缺失等问题,急切地呼唤社会对家庭教育的关注与重视。家庭教育需求的多元化,使社区在家庭教育中的重要作用日益凸显,社区教育已经成为家庭教育实现的重要途径与方式。随着家庭教育逐渐从封闭状态转向开放状态,社区教育与家庭教育的合作共育机制打破了传统家庭教育理念,推进家庭教育的良好发展。因此,家庭教育和社区教育有机结合已成为一种新趋势,通过整合社区与学校的各类资源,为居民提供多样化的家庭教育指导服务,适应社区家庭教育的发展需求。社区教育存在如下问题。

一是缺乏相应的政策支撑。目前,社区教育的相关法规和政策处于完善过程中,社区教育与家庭教育、学校教育的融合发展缺乏政策制度保障,很难形成合作或者停留在合作的初级阶段。由于缺乏为合作机制保驾护航的政策制度以及具体规定,导致资源整合不力、关系分割等问题出现。只有完善相关制度,加强管理,才能使家庭、学校及社区有效合作,避免相互推责以及各自为政的情况出现。可以看出,当前制度保障的缺失成为三种教育融合发展的最大阻力。除此之外,有关政策法规对社区教育与家庭教育、学校教育合作开展的经费保障严重缺失,后续资金投入力度更小,使社区教育无法持续开展工作。因此,教育组织机构若没有相关的政策支持或领导,社区教育与其他资源部门的合作机制就难以形成或者发展。

二是社区教育资源缺乏。当前我国各地区的社区建设发展不平衡,导致资源配置不合理问题出现。有些地区的社区设施比较完善，但是这些资源并没有得到充分利用，其原因是投入较分散、知晓度低、重复建设等。还有些地区的社区活动场地、培训基地等公共资源场地严重不足，导致无法面向居民开展线下教育培训活动。大部分乡镇社区教育条件落后，虽然设有文化活动室，但资源建设后续投入少，各类资源严重匮乏，无法满足居民文化娱乐的需求。可以看出，当前社区资源有限、资源类型单一、人才资源不足、资源利用率低等突出问题，尤其是各类学习资源匮乏以及信息资源浪费现象，制约着社区教育的发展。

三是资源共享机制的缺失。终身学习型社会的建设不仅是社区教育独自完成的任务，也需要各部门以及多种教育资源的支撑。社区教育仅靠自身的力量不足以满足社区居民日益多样化的教育需求。国内大部分尤其是社区教育比较落后地区的社区与学校合作状态是各自为政，社区协调能力有限，无法将各类教育资源有效挖掘并合理配置。社区中包括有形资源与无形资源。有形资源指的是社区在教育工作进行中积累的人力、物力、财力等资源；无形资源指的是社区还未开发并挖掘的资源，包括周边各类学校、企业、社会机构等各部门的教育资源。因此，构建社区与学校、家庭的合作共育机制，关键是创造资源，将教育资源进行有效配置，实现共建共享。通过挖掘未掌握的教育资源并合理配置已掌握的教育资源，才能完成优势互补并同时发挥整体效益。

第三节 家庭、学校及社区教育联动的策略

一、进一步增进政策理解和法律保障

建立学校、家庭和社区联动教育机制，必须具备强有力的法律保障。我国在一些最基本、最重要的教育法律法规及政策中规定了学校、家庭和社区必须开展合作。在《国家中长期教育改革和发展规划纲要》中，更是将学校、家庭、社区合作提升到人才培养机制构建和现代学校制度构建层面加以强调。所以，应加强对国家相关法律法规与政策的学习，深刻理解三方合作的重要意义，积极主动地赋予家长、社区参与学校教育的权利，强化法律的保障作用，使学校的管理真正实现民主化，使学校教育更好地满足人民的需要。

二、完善家庭、学校、社区合作体系

家长、社区人员参与现代学校的管理和教育工作，需要建立一套完善的合作体系并制度化。在具体的教育实践中，完善的合作体系和管理体制既是家庭、学校及社区互相联动的载体和路径，也是重要保障。

三、整体开发社区资源，发挥基层组织的自主性

家庭、学校、社区三方合力的有效实施，需要在大社区理念引导下整体发掘区域教育资源，形成开放办教育的局面。进一步加强社会大课堂资源建设力度，推进课程化应用。同时，建设若干职业体验基地，成立"各界成功

人士讲学团",提升生涯规划教育水平,引领青少年健康成长。在开发区域社区资源的同时,建立和发展居民自治组织,在学校和社区的合作中,想方设法调动基层社区组织,也就是居委会或者管委会的主动性,而不能一家一家单个合作。通过基层社区组织的发动和组织,可以先将社区内的居民凝聚到一起,形成合力,然后再通过社区组织同学校合作,这样才能达到良好的效果。

四、激发三方合作的内在动力

当前,学校和社区、家庭的合作多是基于行政指令等外部强制力量的"表面合作",三者之间缺乏一种内在的动力支撑。因此,必须建立和激发三者合作的内部动力机制,才能保证合作关系的长久发展。

在具体的操作过程中,一方面通过加强学校领导和教师理论的学习,使之充分认识到学校、家庭、社区"三位一体"联动教育的必要性,从而增强实践中的动力。与此同时,学校和相关教育行政部门,还应建立相应的激励机制,依靠奖励而不是指令,来激发学校内部的动力。

其实,不少学校在与家庭以及社区合作的过程中已经有所获益,但对这种感觉或意识还不明显,缺少自我反思的过程。因此,可以利用教育行政部门组织的交流会或学校与社区自己组织的协商会议,来督促学校反思自身的收获以及可能的需求。这样的总结交流会不是罗列成绩,而是要思考双方的收获,有助于学校明确自身的需求,从而激发参与社区、服务社区的内在动力。

五、统筹开发学校资源,服务社区

社区教育与学校教育融合发展的目的是在满足教育需求的同时,为社区居民的生活带来更多的便利,从而提高生活质量与水平。学校是社区教育人才队伍的主要来源之一,社区在已有的课程资源基础上,鼓励学校各专业教师参与社区教育课程的开发与建设,并邀请教师对专业知识进行讲授,从而提高社区居民的学习效果和学习主动性及积极性。这有益于提高学校教育资源的利用率，促进学校专业人才培养、课程资源建设等。

社区居民的学习需求不再局限于理论学习，他们更需要掌握职业技术能力以及参与社会实践活动。根据社区居民的现实需要，提高学校图书馆、体育馆等公共设施资源的开放利用水平，同时充分利用数字信息技术，做到数字化资源共享最大化。

社区教育是学校教育的重要依托，不仅是单向提供资源，而且是要构建双向互动的教育合力机制，社区通过优化社区教育环境，全力支持学校的建设，充分利用社区资源，开展团体活动、科普教育、安全教育体验等，为青少年提供不一样的学习空间。

构建学校与社区双向互动的教育合力机制，需要统筹开发学校资源与社区内各类学习资源，进而形成社区与学校教育的良性互动，实现社区教育与学校教育融合发展。

六、开展公益性家庭教育指导服务，并服务于家庭

家庭教育不仅是家长的工作，也是学校、社区等相关部门应承担的重要任务。通过学校与社区的紧密合作，对家庭教育服务给予支持，连接社会资源，发挥社区、学校的人力、物力资源和科学指导专业能力。开展公益性家庭教育指导服务有助于提高家长对子女的教育意识，起到提升家庭教育质量的作用，为广大家长提供科学的关于家庭教育的引导与服务。

首先，社区需要整合资源，邀请家庭教育领域的资深专家或家庭教师，针对不同年龄段孩子的家长提供定期公益讲座。例如，以探讨相关案例的方式，分析家庭关系对孩子的积极影响与消极影响，讲解构建和谐家庭关系的基本法则。

其次，结合实际情况，开展线上视频直播课以及优质微课程的推送，例如，合肥社区大学创建的"父母'童'学公益课堂"是一种新型的家庭教育学习方式，通过整合并利用各类家庭教育资源，将优质的课程资源"送进"家庭，为社区家庭教育发展带来新思路。

最后，需要针对不同年龄段的青少年，开展身心健康发展专业指导服务以及对家长开展家庭教育指导，使家长突破传统教育思维，树立正确的家庭教育理念，构建和谐幸福的家庭关系。

七、搭建"家庭-学校-社区"数字化学习平台，创新服务模式

《中国教育现代化2035》中指出，把互联网深度贯穿教育全过程，也就是贯穿家庭、学校、社区教育的全过程。为适应信息化时代与人们学习方式的转变，数字化学习将成为社区居民终身学习的主要方式，社区应建立家庭、学校、社区共建共享的学习平台，通过利用互联网信息技术，呈现多样化的学习资源，满足社区居民数字化学习需求。

运用移动互联网、大数据等现代信息技术，推动"家庭-学校-社区"数字化学习平台的建设，依托网络信息联通平台，实现家庭、学校、社区之间信息互联互通、数据资源共建共享。根据社区居民的现实需求，提供学历、非学历、职业技能、科普知识、身心健康教育等内容，推进以视频资源为主，电子化的文献资源以及音频学习资源为辅的学习形式，不断满足社区居民个性化学习需求，使学习模式丰富多样、学习体验更富智能性。

"家庭-学校-社区"数字化学习平台，主要通过微信公众号、微信小程序、App等多种渠道实现社区居民与学校、社区的互联互动。在此基础上，实现各类图书馆以及学校线上学习资源的整合，并通过互联网共享形式多样、内容丰富的在线学习资源，使社区居民以更加便利的形式参与在线学习，浏览各类数字化学习资源的同时，促进社区居民与学校和社区的有效沟通互动，发挥数字化学习平台的效益。社区教育与家庭教育、学校教育融合是实现终身学习的有效路径和方式。

社区教育与家庭教育、学校教育的融合发展以满足社区居民需求和提高其生活质量为目的，通过社区与学校的资源共享、社区家庭教育指导服务、"家庭-学校-社区"数字化学习平台的建设等方式，营造良好的社区学习环境，推动社区教育发展，从而适应终身学习体系构建的需要。

参考文献

[1]边玉芳,鞠佳雯,孙水香,2022.家庭教育指导服务体系的区域推进:基本特征、现实困境与实施路径[J].中国电化教育(1):59-65.

[2]边玉芳,袁柯曼,张馨宇,2021.我国学校家庭教育指导服务体系的现状、挑战与对策分析:基于我国9个省(市)的调查结果[J].中国教育学刊(12):22-27,78.

[3]边玉芳,张馨宇,2021.新时代我国家庭教育指导服务体系:内涵、特征与构建策略[J].中国电化教育(1):20-25.

[4]陈永伟,顾佳峰,史宇鹏,2014.住房财富、信贷约束与城镇家庭教育开支:来自CFPS2010数据的证据[J].经济研究,49(S1):89-101.

[5]陈武元,程章继,蔡庆丰,2021.家庭教育期望视角下的教育公平:数字普惠金融对非自致性家庭因素的缓解效应[J].教育研究,42(10):122-137.

[6]程豪,吕珂漪,李家成,等,2021.我国家庭教育的内涵反思与时代重构:基于"构建服务全民终身学习的教育体系"的视域[J].现代远距离教育(6):3-12.

[7]邓静秋,2021.家庭教育促进法的宪法逻辑[J].苏州大学学报(教育科学版),9(4):64-71.

[8]段成荣,吕利丹,王宗萍,2014.城市化背景下农村留守儿童的家庭教育与学校教育[J].北京大学教育评论,12(3):13-29,188-189.

[9]高书国,2021.覆盖城乡的家庭教育指导服务体系构建策略[J].教育研究,42(1):19-22.

[10]胡咏梅,元静,2021.学校投入与家庭投入哪个更重要:回应由《科尔曼报告》引起的关于学校与家庭作用之争[J].华东师范大学学报(教育科学版),39(1):1-25.

[11]李佳丽,何瑞珠,2019.家庭教育时间投入、经济投入和青少年发展:社会资本、文化资本

和影子教育阐释[J].中国青年研究(8):97-105.

[12]李力行,周广肃,2015.家庭借贷约束、公共教育支出与社会流动性[J].经济学(季刊),14(1):65-82.

[13]李忠路,邱泽奇,2016.家庭背景如何影响儿童学业成就:义务教育阶段家庭社会经济地位影响差异分析[J].社会学研究,31(4):121-144,244-245.

[14]李忠路,2016.家庭背景、学业表现与研究生教育机会获得[J].社会,36(3):86-109.

[15]刘保中,张月云,李建新,2015.家庭社会经济地位与青少年教育期望:父母参与的中介作用[J].北京大学教育评论,13(3):158-176,192.

[16]刘丽,邵彤,2021.我国家庭教育地方立法的经验与不足:兼评《中华人民共和国家庭教育法(草案)》[J].湖南师范大学教育科学学报,20(3):46-54.

[17]刘晓巍,赵菲,2021.从父母权利到教育能力:家庭教育立法之基[J].中国教育学刊(8):20-25.

[18]林晓珊,2018."购买希望":城镇家庭中的儿童教育消费[J].社会学研究,33(4):163-190,245.

[19]洪岩璧,赵延东,2014.从资本到惯习:中国城市家庭教育模式的阶层分化[J].社会学研究,29(4):73-93,243.

[20]马熠辉,2021.彝族地区贫困家庭教育投资对子女代际流动的影响研究[J].西部发展研究(1):71-88.

[21]祁占勇,余瑶瑶,杜越,等.论家庭教育指导服务支持体系的供给主体及其行为选择[J].中国教育学刊,2021(6):33-38.

[22]斯丽娟,2019.家庭教育支出降低了农户的贫困脆弱性吗:基于CFPS微观数据的实证分析[J].财经研究,45(11):32-44.

[23]唐咏,2021.被建构的焦虑母职和参与父职:基于深圳中产阶层家庭教育的质性研究[J].深圳大学学报(人文社会科学版),38(6):101-113.

[24]魏易,薛海平,2021.校外培训机构治理是否有效:基于2017—2019年中国教育财政家庭调查数据的分析[J].教育科学研究(6):32-40.

[25]王成利,徐光平,杨真,2020.土地流转对农村人力资本积累的影响:基于家庭代际教育投资视角[J].改革(10):128-140.

[26]吴强,2020.家庭的收入和特征对家庭教育支出的影响研究[J].华中师范大学学报(人文社

会科学版),59(5):175-186.

[27]魏易,2020.校内还是校外:中国基础教育阶段家庭教育支出现状研究[J].华东师范大学学报(教育科学版),38(05):103-116.

[28]魏易,薛海平,2019.我国基础教育阶段家庭校外培训的消费行为研究:基于2017年中国教育财政家庭调查的分析[J].教育学报,15(6):68-81.

[29]王甫勤,时怡雯,2014.家庭背景、教育期望与大学教育获得:基于上海市调查数据的实证研究[J].社会,34(1):175-195.

[30]徐晓新,张秀兰,2016.将家庭视角纳入公共政策:基于流动儿童义务教育政策演进的分析[J].中国社会科学(6):151-169+207.

[31]杨帆,2021.家庭环境是怎样影响小学生学习表现的:基于对新教育实验"家校合作共育"行动效果的调查[J].华东师范大学学报(教育科学版),39(3):71-83.

[32]叶强,2021.家庭教育立法应重视"提升家庭教育能力"[J].湖南师范大学教育科学学报,20(3):55-63.

[33]尹志超,郭沛瑶,2021.精准扶贫政策效果评估:家庭消费视角下的实证研究[J].管理世界,37(4):64-83.

[34]赵国昌,谭靖琛,2020.城镇房产财富对家庭教育投资决策的影响:基于中国家庭追踪调查(CFPS)数据[J].管理研究(1):90-111.

[35]张和平,张青根,尹霞.家庭资本、校外培训与教育机会公平[J].教育学术月刊,2021(2):3-11.

[35]张墨涵,梁晶晶,张冉,等,2022.家庭教育资本与家长教育焦虑:家庭氛围和家校沟通的链式中介作用[J].浙江社会科学(5):142-150,160.

[37]张伟平,付卫东,李伟,等,2021.中小学课后服务能促进教育公平吗:基于东中西部6省(自治区、直辖市)32个县(区)调查数据的分析[J].中国电化教育(11):16-23.

[38]郑磊.同胞性别结构、家庭内部资源分配与教育获得[J].社会学研究,2013,28(5):76-103,243-244.

[39]邹薇,马占利,2019.家庭背景、代际传递与教育不平等[J].中国工业经济(2):80-98.

[40]周弘,2015.风险态度、消费者金融教育与家庭金融市场参与[J].经济科学(1):79-88.